KB040191

구글 이노베이터가 쉽게 알려주는
챗GPT로 크리에이터 및 N잡러 되기

전효진·김현주 공저

(주)광문각출판미디어
www.kwangmoonkag.co.kr

머리말

    첫 책을 쓴 지 벌써 만 2년이 훌쩍 지났습니다. 코로나 1년 차에 작가라는 타이틀을 얻게 되면서 쓴 첫 에필로그를 읽어보니 감회가 새롭습니다. 그때 당시에는 코로나로 인해 참 많은 것들이 변하고 있구나 생각했는데, 이제 와서 돌아보니 지금 이 시점도 코로나 못지않게 많은 것들이 치열하게 바뀌고 있는 중이구나 싶습니다.

    코로나로 인해 온오프라인 블렌디드 환경이 가속화되었다면 챗GPT의 등장으로 인해 인공지능, 특히 생성형 AI 시장이 급속도로 발전하고 있습니다. 이 책의 원고를 마무리한 지금도 챗GPT와 생성형 AI는 계속 변화하고 있습니다. 챗GPT 플러스 유료 버전은 세금이 추가되어 2달러가 올랐으며, 달리2는 유료로 전환되었습니다. 최신 책도 변화의 속도를 따라가기 힘들 정도로 업데이트와의 전쟁을 치르는 느낌입니다.

    그럼에도 불구하고 이렇게 활자로 된 책에 챗GPT 이야기를 담는 이유는 더 많은 독자들에게 새로운 미래에 대한 비전을 보여 주고 싶었기 때문입니다. 저자가 근무하는 학교에도 아직 챗GPT를 모르는 분이 많이 있습니다. 연구부장은 저렇게 많은 일을 하면서 어떻게 매번 칼퇴를 하나? 궁금해하시는 분들께 업무 자동화와 효율성을 높이는 방법을 알려드리고 싶었습니다. 컴퓨터 잘하는 옆집 언니나 누나처럼, 언제든 찾아가 물어볼 수 있는 동학년 선생님처럼 옆에서 상세하게 설명해 주는 책이 있었으면 했습니다.

    챗GPT는 뛰어난 성능만큼이나 우려와 걱정도 함께 따라오게 만드는 신기술입니다. 올해 수업발표대회에 참여한 동료 선생님께 챗GPT의 API를 구글 스프레드시트에 심어 초등학생들도 제한적으로 활용할 수 있도록 알려드렸더니, 소속 학교에서 챗GPT를 수업에 어떻게 쓰는지 다들 몹시 궁금해하셨다는 이야기를 들었습니다. 챗GPT는 13세 이상부터 사용하도록 약관에 기재되어 있으니 충분히 의아할 수 있을 것입니다. 특히 초등학교에 근무하는 교사로서 새로운 도구를 도입할 때 가장 조심스러운 부분이 아닐 수 없습니다. 그럼에도 불구하고 교육적인 득과 실을 깊이 있게 생각해 봤을 때, 챗GPT와 생성형 AI는 충분히 배워서 활용해 볼 가치가 있는 혁신 기술입니다.

생각해 보니 저도 이 책의 제목처럼 N잡러입니다. 초등학교 교사이자 작가, 교육부 지식샘터와 티처빌 원격교육연수원 강사로 활동하고 있으며, 이밖에도 대구광역시연수원 및 자체 개발 원격연수 콘텐츠를 제작하고 있습니다. 그리고 이 모든 일을 원활하게 해낼 수 있는 비결은 제 개인 비서인 챗GPT의 역할이 컸습니다. 이 책을 읽기 시작한 독자 여러분들도 충분히 N잡러로서의 첫발을 지금부터 내딛을 수 있습니다.

구글 공인 혁신가로서 좋은 기회에 책을 연달아 두 권이나 쓸 수 있도록 함께 달려와 준 공동 저자 열정김선생 김현주 선생님께 가장 큰 감사 인사를 전합니다. 톡톡 튀는 아이디어와 꺼지지 않는 열정, 꾸준함, 신앙심, 그 모든 것이 저에게 큰 귀감이 되었습니다. 원고와 교정 작업으로 시간이 필요할 때마다 흔쾌히 지원해 준 남편과 아들 은호에게도 고맙다는 말을 전하고 싶습니다. N잡러의 꿈을 함께 키우며 내면의 단단함을 채워 나가는 인문학 독서 모임 마중물 회원들에게도 응원과 사랑을 전합니다.

이 한 권의 책이 여러분에게 더 넓은 세상을 바라보게 만드는 거인의 어깨가 되길 기원합니다.

저자 전효진

목차

CHAPTER 3

챗GPT를 내 개인 비서로 활용하기

CHAPTER 4

챗GPT로 영어 달인 되기

CHAPTER 5

챗GPT로 퇴근 시간 앞당기기

CHAPTER 6

챗GPT로 콘텐츠에 날개 달기

CHAPTER 7

챗GPT로 학교 수업하기

CHAPTER 8

챗GPT와 시너지 효과를 내는 앱들

1

챗GPT 알아보기

2022년 11월 30일 OpenAI사가 출시한 챗GPT로 인해 인공지능이 사회 전반의 화두가 되고 있다. 내가 원하는 대로 코딩을 해줄 뿐만 아니라 보고서나 연설문을 10초 만에 뚝딱 써주고, 인간의 고유한 영역이던 시나 소설 등 창작 분야까지도 인공지능이 넘보고 있다.

챗GPT는 과연 무엇이기에 이렇게 짧은 시간 안에 전 세계를 떠들썩하게 만드는 것일까?

01. 챗GPT란?

챗GPT가 핫이슈로 떠오르면서 OpenAI라는 회사도 함께 유명해지기 시작했다. OpenAI는 샘 알트먼이 2015년 12월 11일 인류에게 이익을 주는 것을 목표로 설립한 인공지능 회사이다. 공동 창업자로서 테슬라의 일론 머스크와 딥러닝 분야로 유명한 일리야 수츠케버 등이 있다. OpenAI는 2018년부터 챗GPT에 사용된 인공지능 모델인 GPT를 꾸준히 발표해 왔을 뿐만 아니라 이미지 생성 AI인 DALL-E를 출시하기도 하였다.

챗GPT는 인공지능과 대화할 수 있는 채팅 서비스이다. 지금까지 개발된 인공지능에 비해 복잡한 코딩이나 별도의 기술적인 절차 없이 누구나 쉽게 사용할 수 있게 되면서 폭발적인 인기를 누리게 된 것이다.

챗GPT의 이용 약관에 따르면 해당 프로그램은 최소 13세 이상부터 사용이 가능하며, 18세 미만인 경우 부모나 법적 보호자의 동의를 받아야 한다.

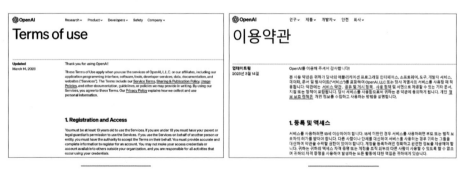

[그림 1-1] 이용 약관의 일부(영문)   [그림 1-2] 이용 약관의 일부(한글)

02. 무료 vs 유료 알아보기

챗GPT는 현재 무료로 서비스되고 있다. 물론 유료 서비스도 있지만, 원한다면 얼마든지 무료로 충분히 사용할 수 있다. 각각의 특징을 파악하고 있다면 챗GPT를 좀 더 효과적으로 활용할 수 있을 것이다.

	무료	유료(Plus)
가격	없음	월 $20 (부가세 10% 별도)
언어 모델	GPT-3.5	GPT-3.5 / 4.0 (선택 가능)
특징	사용자가 몰리는 시간대에는 사용 불가	시간대 상관없이 이용 가능, 무료 서비스보다 답변 대기 시간이 짧음
혜택	없음	새로운 기능이 출시되면 우선권 부여 (플러그인 등)

무료 계정의 가장 큰 단점은 내가 원하는 시간에 서비스를 이용할 수 없다는 점이다. 저자가 동일한 시간에 챗GPT의 무료와 유료 계정에 접속한 결과, 무료 계정에서는 답변을 받을 수 없었으나 유료 계정에서는 큰 문제 없이 서비스를 이용할 수 있었다. 특히 미국의 낮 시간대에는 사용량이 폭증하므로 특정 시간대만 피한다면 불편함 없이 사용할 수 있을 것이다.

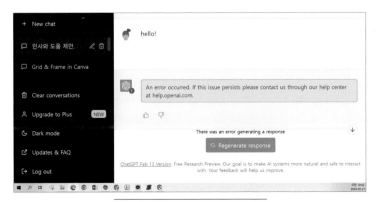

[그림 1-3] 동 시간대 접속 시 에러가 발생한 무료 계정

[그림 1-4] 동 시간대 접속 시 에러가 발생하지 않는 유료 계정

챗GPT의 유료 서비스 결제 방법은 다음과 같다. 먼저 챗GPT 회원 가입 후 첫 화면 왼쪽 아래에서 Upgrade to Plus(New)를 선택한다.

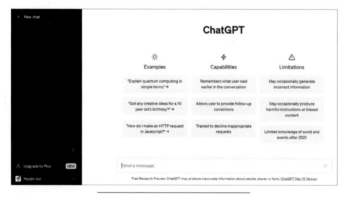

[그림 1-5] 챗GPT 무료 계정 첫 화면

팝업창에 나타나는 두 가지 서비스 중 Upgrade plan을 선택한다.

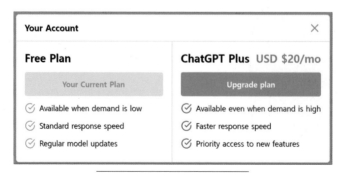

[그림 1-6] 팝업창에 나타나는 두 가지 서비스

결제와 관련된 정보를 입력한 후 구독하기를 선택한다. 챗GPT는 2023년 3월 현재 매달 22달러씩 결제하는 방식으로만 유료 서비스를 이용할 수 있으며, 1년 구독이나 교육용 요금제 등은 아직 출시되지 않았다.

[그림 1-7] 결제 정보 입력창

결제가 완료된 직후부터 챗GPT Plus 서비스를 바로 이용할 수 있다.

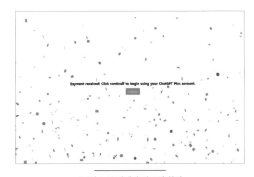

[그림 1-8] 결제가 완료된 화면

유료 계정으로 로그인하면 가장 크게 다른 점이 바로 언어 모델을 선택해서 사용할 수 있다는 점이다. 최근 GPT-4가 출시되면서 유료 서비스 이용자들만 사용할 수 있게 되었는데, 이 점이 무료 서비스와의 가장 큰 차이점이라고 볼 수 있다.

[그림 1-9] 챗GPT 유료 서비스 첫 화면에서 언어 모델 선택

최근 발표된 챗GPT의 플러그인 기능 출시를 통해 향후 플랫폼 경쟁 구도가 기존 애플, 구글의 운영체제(OS) 중심에서 AI로 이동할 것이라는 예측까지 나오고 있다.[1] 플러그인은 인터넷 기반 특정 서비스에 챗GPT를 연결하여 원하는 정보를 좀 더 쉽게 얻을 수 있도록 하는 기능이다. 예를 들어 챗GPT에서 익스피디아 플러그인을 사용하여 내가 원하는 조건과 가격에 맞는 항공권과 호텔을 검색한 후 바로 예약하는 형태이다. 이렇게 새롭게 출시되는 기능들은 대부분 유료 계정부터 순차적으로 적용되므로 챗GPT를 남들보다 발 빠르게 이용해 보고 싶다면 챗GPT Plus를 이용해 보길 추천한다.

03. 저작권 알아보기

챗GPT는 다음과 같이 크게 두 가지 면에서 저작권 문제가 발생할 수 있다.

3-1 인공지능 학습 단계에서의 저작권 문제

챗GPT의 기반이 되는 지금과 같은 GPT 인공지능 모델을 학습시키기 위해서는 다량의 자료가 필요하다. 알려진 바로는 웹사이트 게시물, 위키백과, 책, 뉴스 기사 등에서 확보한 공개 자료를 활용하여 570GB의 문자 데이터, 3조 개의 단어를 학습 데이터에 사용했다고 한다. 그렇다면 인터넷에 공개된 자료를 인공지능 학습에 사용하는 것은 저작권에 위배되지 않는 것일까? 한국저작권위원회 홈페이지에 게시된 〈챗GPT 현황과 저작권 이슈 보고서〉[2]에 따르면, 인터넷에 공표된 저작물 중 상당 부분이 저작권법상 보호를 받는 저작물이기 때문에 해당 저작물의 수집, 저장 및 학습 과정에서 발생하는 전송 등의 과정을 고려할 때 학습

---

1) https://n.news.naver.com/article/277/0005236899?cds=news_my
2) https://www.copyright.or.kr/information-materials/trend/the-copyright/viewPress.do?brdctsno=51647#

자료에 대한 저작권 문제가 발생할 수 있음을 지적하고 있다. 예를 들어 위키백과의 모든 콘텐츠는 CCL(Creative Commons License)을 적용하고 있으며, 사용자가 저작물을 이용하기 위해서는 다음과 같이 사용 조건을 지켜야 한다.

위키백과 소개

위키백과는 위키를 이용하여 전 세계 사람들이 함께 만들어가는 웹 기반의 다언어 백과사전입니다. 위키백과는 중립적이고 검증 가능한 자유 콘텐츠 백과사전의 제공을 목적으로 하는 프로젝트로, 누구나 참여하여 문서를 수정하고 발전시킬 수 있습니다.

위키백과는 다섯 가지 기본 원칙에 따라 운영됩니다. 모든 문서는 크리에이티브 커먼즈 저작자표시-동일조건변경허락 3.0에 따라 사용할 수 있으며, 복사, 수정과 배포가 자유롭고 상업적 목적의 사용도 가능합니다.

[그림 1-10] 위키백과 홈페이지에 게재된 CCL 규정

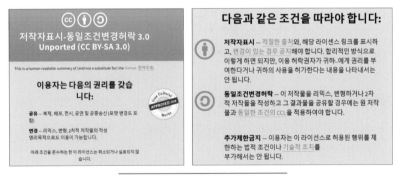

[그림 1-11] 위키백과가 고지한 '저작자표시-동일조건변경허락' 관련 세부 설명

그러나 현재 GPT가 이러한 CCL 조건을 준수하면서 저작물을 학습시키고 있는지는 알 수 없다. 또한, 챗GPT의 답변에서도 정확한 출처가 기재되지 않아 저작권 분쟁의 소지가 있을 수 있다.

3-2 챗GPT의 생성물에 대한 저작권 문제

인터넷 서점에서 챗GPT라는 키워드로 검색해 보면 흥미로운 사실을 한 가지 발견할 수 있다. 챗GPT가 저자로 등록된 책들이 있다는 점이다. 물론 챗GPT가 혼자 쓴 책은 아닐 것이다. 사람이 챗GPT를 사용하여 특정 주제로 글을 생성하고 수정한 후 이를 책으로 출판했을 것으로 짐작된다. 그렇다면 챗GPT는 인세를 받았을까? 챗GPT는 저작권을 가질 수 있을까?

입력

챗GPT가 쓴 소설이나 시 등의 저작권은 누구에게 있을까?

결과

챗GPT는 인공지능 언어 모델로, 본질적으로는 소설이나 시 등의 창작물을 직접적으로 작성하지는 않습니다. 챗GPT는 훈련 데이터에서 학습한 언어 모델을 사용하여 텍스트를 생성하며, 이 생성된 텍스트에 대한 저작권은 사용자나 훈련 데이터의 원저작자에게 속합니다.

그러나 챗GPT를 사용하여 생성된 텍스트를 출판하거나 상업적으로 이용하려는 경우, 이용 목적과 법적 규정에 따라 다른 저작권 문제가 발생할 수 있습니다. 따라서 이러한 경우에는 법적인 자문이 필요할 수 있습니다.

맞는 말이다. 현행 저작권법 제1조[3]에는 저작권법의 목적을 '저작자의 권리와 이에 인접하는 권리를 보호하고 저작물의 공정한 이용을 도모하기 위함'으로 기술하고 있다. 제2조에서는 저작물을 '인간'의 사상 또는 감정을 표현한 창작물로, 저작자는 저작물을 창작한 자로 규정하고 있다. 이 법에 따르면 챗GPT는 인간이 아니므로 챗GPT가 생성한 창작물은 저작물이 아니며, 저작자도 될 수 없다.

---

3) https://www.law.go.kr/LSW/lsInfoP.do?efYd=20170321&lsiSeq=192474#0000

그렇다면 챗GPT를 사용하여 저작물을 만든 저작자는 아무런 법적인 책임이 없는 것일까? 2023년 2월 16일, 펜실베이니아 주립대학의 이동원 교수팀은 OpenAI사의 GPT-2와 같은 인공지능 언어 모델을 대상으로 한 표절 연구 결과를 발표하였다.[4] 연구팀이 GPT-2가 학습한 자료와 직접 생산한 자료를 비교한 결과 복사-붙여넣기, 출처 인용 없이 문장 바꾸기, 아이디어 도용하기 등의 표절 방법이 사용되었음을 확인할 수 있었다. 이는 챗GPT를 사용하여 저작물을 만드는 경우 표절의 가능성을 배제할 수 없다는 점을 시사한다. 특히 최근 챗GPT 출시 이후로 각종 빅테크 기업에서 앞다투어 생성형 AI 모델을 활용한 다양한 서비스들을 출시하고 있는데, 정부가 이러한 움직임을 발 빠르게 좇아 관련법을 제정하는 데는 한계가 있다.

앞으로 새로운 기술이 개발됨에 따라 이러한 저작권 문제는 지속적으로 이슈가 될 것이다. 인공지능이 미래 사회에서 떼려야 뗄 수 없는 핵심 기술이라면 이를 적절하게 사용하기 위한 인간들의 노력과 심도 있는 논의가 필요할 것이다.

---

4) https://www.yna.co.kr/view/AKR20230217111500009

2

챗GPT
프롬프트 엔지니어링

챗GPT는 화면 구성이 단순하고 사용법이 간단해서 누구나 쉽게 사용할 수 있다. 단, 프롬프트라고 불리는 입력문을 어떻게 넣느냐에 따라 결과는 천차만별이다.

프롬프트(prompt)는 원래 컴퓨터가 입력을 기다리고 있음을 가리키기 위해 화면에 나타나는 표시를 뜻하는 용어이다. 그러나 챗GPT가 널리 사용되면서 프롬프트는 원래의 의미보다 '컴퓨터나 인공지능 언어 모델에게 정보를 요청하거나 명령을 내리기 위해 사용되는 문장'을 뜻하는 경우가 더 많아졌다. 또한, 프롬프트를 어떻게 쓰느냐에 따라 결괏값이 판이하게 달라지므로, 더 나은 결과를 도출할 수 있는 프롬프트를 만들어 내는 과정인 프롬프트 엔지니어링의 중요성도 함께 부각되고 있다.

이 책에서는 프롬프트라는 어려운 용어 대신 '입력문'으로 통일하고자 한다. 또한, 이번 장에서는 상황과 맥락에 따라 입력문을 어떻게 하면 잘 만들 수 있는지 다양한 방법을 알아보고자 한다.

01. 영어 vs 한국어

챗GPT는 입력문을 영어로 쓸 때 가장 정확하고 신속한 답변을 받을 수 있다. 최근 GPT-4가 출시되면서 한국어 입력문에 대한 답변도 많이 개선되었다고는 하지만, 기존 학습량 자체가 영어와 한국어는 비교할 수 없을 정도로 차이가 많이 나는 것이 사실이다. 그래서 챗GPT를 사용할 때는 다음과 같은 크롬 확장 프로그램을 활용하여 입력문을 영어로 쓰거나, 영어로 나온 결과를 번역해서 내용을 쉽게 확인할 수 있다.

1-1 프롬프트 지니

크롬 웹 스토어 검색창에 프롬프트 지니를 입력한다. 비슷한 이름을 가진 프로그램들이 많으므로 프롬프트 지니의 로고가 아래와 같은지 확인해야 한다.

[그림 2-1] 프롬프트 지니

Chrome에 추가를 클릭한 후 연이어 뜨는 팝업에서 확장 프로그램 추가를 선택한다.

[그림 2-2] Chrome에 추가

크롬 브라우저 오른쪽 상단 구글 계정 프로필 옆에 퍼즐 모양의 메뉴를 클릭하면 방금 설치된 프롬프트 지니를 확인할 수 있다. 해당 메뉴에서는 이미 설치된 크롬 확장 프로그램을 모두 확인할 수 있으며, 프롬프트 지니 오른쪽의 압정 모양을 클릭하면 파란색으로 변하면서 크롬 브라우저 오른쪽 상단에 계속 보이게 된다. 앞으로 소개할 다른 크롬 확장 프로그램들도 이렇게 크롬 브라우저에 고정해서 사용하는 것이 좋다.

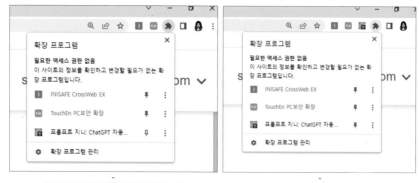

[그림 2-3] 크롬 브라우저에 고정하기 전   [그림 2-4] 크롬 브라우저에 고정한 후

이제 챗GPT로 가서 새로 고침을 해보자. 입력창 아래에 파란색 버튼과 함께 자동 번역이라고 된 메뉴가 보인다. 또한, 검색창에 '좌측 지니 아이콘을 눌러 지니를 불러보세요.'라는 문구가 보인다. 챗GPT에 프롬프트 지니가 설치된 것이다.

[그림 2-5] 챗GPT에 설치된 프롬프트 지니

테스트를 한번 해보자. 입력창에 한글로 부산 남포동의 가장 인기 있는 관광지 세 곳을 추천해 달라고 입력한다.

[그림 2-6] 한국어 입력

한국어가 자동으로 번역된 것을 볼 수 있다.

> **g** 한국의 부산 남포동에 있는 가장 인기 있는 관광지 세 곳을 추천해줘.
>
> **번역결과**
>
> Please recommend three of the most popular tourist destinations in Nampo-dong, Busan, South Korea.

[그림 2-7] 한국어가 영어로 자동 번역됨

또한, 결과물도 먼저 영어가 나온 후 다시 한국어로 번역되어 나온다. 정말 편리한 기능이다.

features several attractions, such as the Busan Tower, a statue of Admiral Yi Sun-sin, and a flower clock. Visitors can also enjoy the various walking trails and gardens throughout the park.

These three destinations are among the most popular in Nampo-dong and offer a unique insight into the local culture, cuisine, and scenery.

번역결과

남포동은 한국 부산의 번화한 지역으로 관광객들에게 다양한 볼거리를 제공합니다. 남포동에서 가장 인기 있는 관광지 세 곳을 소개합니다.

1. 자갈치시장: 문어부터 해삼까지 다양한 싱싱한 해산물이 인상적인 국내 최

[그림 2-8] 결과물도 영어에서 자동으로 한국어로 번역됨

1-2 딥엘

딥엘은 영어를 한국어로 번역해 주는 프로그램이다. 저자가 여러 가지 한국어 번역 프로그램들을 테스트해 본 결과 딥엘의 한국어 번역이 가장 자연스러웠다. 챗GPT에서 결과가 영어로 나오면 딥엘로 번역해서 복사한 후 필요한 곳에 사용하면 된다.

크롬 웹 스토어에서 deepl이라고 검색한 후 크롬 브라우저에 추가하고 잘 보이도록 고정한다.

[그림 2-9] 딥엘 설치

챗GPT에서 영어로 나온 결과를 딥엘로 번역해 보자. 영어 문장을 블록 지정하면 끝부분에 딥엘 메뉴가 생긴다.

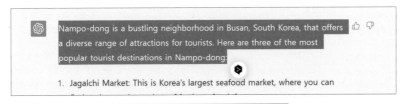

[그림 2-10] 영어 문장 블록 지정 및 딥엘 메뉴

딥엘을 클릭하면 영어가 한국어로 번역된다. 또한, 오른쪽 하단에 있는 읽어주기 기능(스피커 모양)을 선택하면 영어와 한국어로 각각 읽어 준다. 복사 기능을 선택하면 한국어로 번역한 내용이 복사된다.

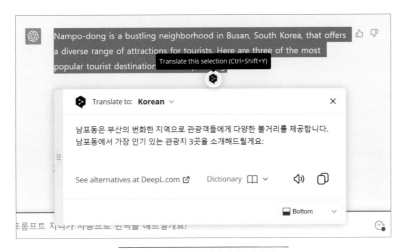

[그림 2-11] 한국어 번역과 읽어주기, 복사

그러나 번역했을 때 원문의 의미를 제대로 살리지 못하거나 한국 문화를 반영하는 내용인 경우, 한국어 그대로 입력문을 작성하여 답변을 받는 것이 더 효율적이다. 또한, 입력문 안에 내가 원하는 바를 구체적으로 작성할수록 나의 의도와 목적에 맞는 결과를 얻어낼 확률이 높다.

저자는 초등학교에서 교육연구부장을 맡고 있는데, 학교교육계획 수립에 필요한 내용을 질문할 때 영어로 번역한 경우보다 한글로 입력문을 작성한 경우 더 자연스러운 결과를 얻을 수 있었다. 또한, 학교의 올해 비전에 해당하는 키워드와 함께 교육 계획의 형식에 알맞는 문구를 만들어 달라고 구체적으로 요청하면 이 또한 반영되는 것을 볼 수 있었다.

Please make 5 phrases that can be used as the title of the emphasis education activity. It would be nice to include content such as fostering student initiative using digital smart utilization education. You need a creative and innovative phrase. However, the words 'creative', 'innovative', 'digital', and 'smart' cannot be directly entered. The title must end with a noun in the form of ~.

번역 취소하기

강조 교육 활동의 제목으로 사용할 수 있는 문구를 5개 만들어 주세요. 디지털 스마트 활용 교육을 활용한 학생 주도성 육성 등의 내용이 포함되면 좋을 것 같습니다. 창의적이고 혁신적인 문구가 필요합니다. 그러나 'creative', 'innovative', 'digital', 'smart'라는 단어는 직접 입력할 수 없습니다. 제목은 ~ 형식의 명사로 끝나야 합니다.

[그림 2-12] 프롬프트 지니를 활용한 영어 입력문

1. "21st Century Learning for Future-Ready Students: Embracing the Power of Technology"
2. "Empowering Students to Shape the Future: A Journey of Lifelong Learning"
3. "Growing Together: A Community of Lifelong Learners"
4. "Exploring the World Around Us: Inspiring Curiosity and Discovery"
5. "Building a Strong Foundation for Lifelong Success: A Focus on Personal Growth and Development"

번역 취소하기

1. "미래에 대비한 학생을 위한 21세기 학습: 기술의 힘 수용"
2. "학생들이 미래를 설계할 수 있도록 지원: 평생 학습의 여정"
3. "함께 성장: 평생 학습자 커뮤니티"
4. "우리 주변의 세계 탐험: 호기심과 발견을 불러일으키다"
5. "평생의 성공을 위한 강력한 기반 구축: 개인의 성장과 발전에 초점"

[그림 2-13] 영어로 받은 답변을 한국어로 번역한 결과

역점교육활동 제목으로 쓸 만한 문구를 5개 만들어줘. 디지털 스마트 활용 교육을 활용한 학생 주도성 키우기 등의 내용이 들어가면 좋겠어. 창의적이고 혁신적인 문구가 필요해. 단, '창의적', '혁신적'이라는 단어가 직접적으로 들어가선 안돼. 제목의 끝은 ~기 형태의 명사로 끝나야 해.

1. "21세기 초등학교, 디지털 스마트 교육으로 대비하는 미래"
2. "디지털 세대의 학생 주도성 키우기, 함께하는 즐거운 배움"
3. "풍부한 창의성과 인문성으로 나아가는 초등학교, 디지털 스마트 활용"
4. "디지털 스마트 활용 능력을 갖춘 초등학생, 미래를 열어가는 기술 인재"
5. "사고력과 문제 해결 능력을 함께 성장하는 초등학교, 디지털 스마트 교육의 시작"

[그림 2-14] 한국어 입력문 및 결과

02. 꼬리에 꼬리를 무는 질문

챗GPT의 가장 큰 장점 중 하나는 앞서 나눈 대화의 맥락과 흐름을 기억하여 다음 대화에 적용할 수 있다는 점이다. 처음 질문한 내용에 대한 답변이 부정확하거나 추가적인 정보가 필요한 경우, 하나의 대화창 안에서 질문을 집요하게 이어가면 내가 원하는 답변을 얻을 수 있는 확률이 높아진다.

저자는 초등학교에서 영어를 가르치고 있는 전담 교사이다. 학습 자료를 만들 때 영어 문장을 쓰다 보면 정확한 표현이 맞는지 궁금할 때가 많다. 순회교사로 근무하는 원어민에게 매번 메신저 서비스로 물어볼 수 없어 챗GPT의 도움을 받아보았다.

입력

다음 문장이 정확한지 확인해줘.

My another job is a writer.

결과

문장이 올바르지 않습니다. 올바른 문장은 다음과 같습니다:

"My other job is a writer."

another이 아니라 other이라고 고쳐주었다. 갑자기 궁금해졌다. 왜 another가 아니라 other일까?

입력

왜 올바르지 않은지 설명해줘.

결과

올바르지 않은 이유는 'another'와 'other'의 사용법에 차이가 있기 때문입니다.

'Another'는 '하나 더' 또는 '다른 하나'라는 의미로, 일반적으로 가산명사와 함께 사용됩니다. 예를 들어, "I would like another cup of coffee"라는 문장에서 'another'는 '하나 더'의 의미를 갖습니다.

반면에 'other'는 '다른'이라는 의미를 가지며, 명사 앞에 위치해 그 명사와 관련된 다른 것들을 가리킵니다. 'other'는 가산명사와 불가산명사 모두와 사용할 수 있습니다. 예를 들어, "My other job is a writer"라는 문장에서 'other'는 '다른'의 의미를 갖습니다.

따라서 처음 주어진 문장인 "My another job is a writer"에서는 'another' 대신 'other'를 사용해야 올바른 문장이 됩니다: "My other job is a writer."

챗GPT의 답변을 요약해 보면 another는 보통 셀 수 있는 단어 앞에 쓸 수 있고, other는 셀 수 있거나 셀 수 없는 단어 앞에 모두 사용할 수 있어서 other를 써야 한다는 얘기다. 그런데 잠깐! job은 셀 수 있는 단어 아니었나? 사전에 찾아보면 'a job', 'jobs'라는 표현이 나오는데?

입력

그 말은 job이 불가산명사라서 another 대신 other을 써야 된다는 거야?

결과

죄송합니다. 제 설명이 혼동을 드린 것 같습니다. "job"은 가산명사입니다. 다만, 이 경우에는 'another' 대신 'other'를 사용하는 것이 더 적절합니다.

'Another'는 '하나 더' 또는 '다른 하나'의 의미로 사용되기 때문에, 'My another job is a writer' 라는 문장에서는 '또 다른 직업'이라는 의미가 됩니다. 그러나 여기서 원하는 의미는 '다른 직업' 이므로, 'other'를 사용하는 것이 더 올바릅니다.

따라서 올바른 문장은 "My other job is a writer"입니다.

챗GPT가 사과를 하니 괜히 미안해진다. 하지만 결과를 읽어보아도 여전히 왜 another이 아니고 other이어야 하는지 명확히 이해되지 않는다. 나는 오히려 '또 다른 직업'의 의미를 원했기에 another이 더 적절하다고 생각한다.

입력

그러면 I'm an English teacher. My another job is a writer. 이렇게 쓰면 another를 사용할 수 있는 거야?

결과

아니요, 여전히 "another" 대신 "other"를 사용하는 것이 더 적절합니다. 다음과 같이 작성하는 것이 올바릅니다:

"I'm an English teacher. My other job is a writer."

이 문장에서는 "다른 직업"이라는 의미로 "other"가 적절하게 사용되었습니다. "Another"는 여전히 이 문맥에는 부적합합니다.

이제 슬슬 짜증이 나기 시작한다. 챗GPT는 원어민 수준의 영어 능력을 갖고 있기에 왜 another가 아니고 other인지 감이 오겠지만, 나는 영어가 모국어가 아닌 한국인이라 구체적인 설명이 필요하다.

입력

왜?

결과

"Another"와 "other" 사이의 차이를 다시 설명하겠습니다.

"Another"는 '하나 더' 또는 '다른 하나'의 의미를 가지며, 대체로 양적인 측면에서 다른 하나를 강조할 때 사용됩니다. 예를 들어, "Can I have another cookie?"에서 "another"는 '다른 하나 더'의 의미를 가집니다.

"Other"는 '다른'이라는 의미를 가지며, 주로 선택지 중 하나를 가리킬 때 사용됩니다. 예를 들어, "I have two jobs. One is an English teacher, and the other is a writer."에서 "other"는 '다른'의 의미를 가집니다.

"I'm an English teacher. My another job is a writer."라는 문장에서 'another'를 사용하면, '하나 더 있는 직업'이라는 의미가 됩니다. 그러나 여기서 원하는 의미는 '다른 직업'이므로, 'other'를 사용하는 것이 더 적절합니다.

따라서 올바른 문장은 "I'm an English teacher. My other job is a writer."입니다.

그래! 내가 원하는 게 바로 '하나 더 있는 직업'을 강조해서 나타내고 싶다 이거지!

입력

나도 영어 교사가 아닌 '작가'라는 다른 하나의 직업을 강조하고 싶은데 그럼 another을 써도 돼? '하나 더 있는 직업'을 강조하고 싶다고...

결과

그렇다면 원하시는 의미를 전달하기 위해 'another'를 사용할 수 있습니다. 이 문맥에서 'another'를 사용하면, 작가 직업이 추가로 있는 것을 강조할 수 있습니다. 문장은 다음과 같이 작성할 수 있습니다:

"I'm an English teacher, and I also have another job as a writer."
이렇게 작성하면 '작가'라는 다른 하나의 직업을 강조하고, 동시에 '하나 더 있는 직업'이라는 의미를 전달할 수 있습니다.

어라? 열심히 꼬리에 꼬리를 무는 질문을 퍼부었더니 챗GPT가 한발 양보했다! 그런데 내가 쓴 문장은 여전히 안 된다며 문장의 내용을 바꿔 주었다. 여기서 포기할 순 없지!

입력

I'm an English teacher. My another job is a writer. 이렇게 쓰는 건 어색해?

결과

"I'm an English teacher. My another job is a writer."라는 문장은 일반적으로 사용되지 않으며 조금 어색할 수 있습니다. 대신 다음과 같이 작성하는 것이 더 자연스럽습니다:

"I'm an English teacher, and I also have another job as a writer."
이 문장은 원하시는 의미인 '작가'라는 다른 하나의 직업을 강조하면서도 문법적으로 더 자연스러운 구조를 사용하고 있습니다.

결국 어울리는 표현은 따로 있다는 얘기다. watch TV는 자연스럽고 see TV는 어색하다는
말과 같다.

입력

그럼 내가 쓰는 영어 표현들이 자연스러운지 어색한지 어떻게 알 수 있지? 어색하다는 것은 느
낌의 한 종류인데 나에게는 전혀 어색하지 않으면 내가 틀린 걸 스스로 알 수 없잖아.

결과

영어 표현이 자연스러운지 어떻게 알 수 있는지에 대한 몇 가지 방법을 제시하겠습니다:

많이 읽기와 듣기: 영어로 된 책, 기사, 영화, 드라마, 팟캐스트 등을 읽거나 들으면서 자주 사용
되는 표현과 구조를 익히는 것이 중요합니다. 이를 통해 올바른 문법과 자연스러운 표현에 익숙
해질 수 있습니다.

원어민과 대화하기: 원어민과 대화하면서 영어 표현의 자연스러움을 체크할 수 있습니다. 또한,
원어민이 사용하는 표현을 배울 수 있고, 언어 사용의 적절성에 대한 피드백을 받을 수 있습니다.

(이하 생략)

자연스러움이라는 것은 느낌의 한 종류이지만, 위와 같은 방법을 통해 영어 사용에 대한 감각을
키울 수 있습니다. 그러나 완벽한 영어를 사용하기보다는 의사소통을 원활하게 하는 것이 더 중
요하므로 너무 걱정하지 않고 계속 연습하시는 것이 좋습니다.

결국 원론적인 영어 학습 방법으로 저자를 훈계하면서 대화는 마무리되었다. 하지만 이 과
정을 통해 챗GPT는 단 한 번도 나의 질문에 짜증을 내지 않고 끈기 있게 답변을 해주는 친절
한 영어 선생님이라는 사실을 알게 되었다. 또한, other와 another의 사용법과 미묘한 차이
도 파악할 수 있었다. 챗GPT를 제대로 사용하기 위해 꼬리를 무는 질문을 사용해 보자!

03. 난이도 조절하기

챗GPT는 같은 내용도 각각 다른 난이도로 작성하도록 요청할 수 있다. 다음은 저자가 좋아하는 해리포터 소설책을 요약해 달라는 요청을 다양한 버전으로 해 본 결과이다. 해리포터는 영국에서 출판된 책이므로 한글 입력문을 영어로 번역하여 입력하였으며, 그 결과를 다시 한글로 번역하였다.

입력

조앤 롤링이 쓴 '해리포터와 마법사의 돌' 소설책을 세 문장으로 요약해줘. 단, 초등학생용과 중학생용, 고등학생용과 대학생용으로 각각 나눠서 세 문장씩 써줘.

결과

초등학생: 해리 포터는 자신이 마법사라는 사실을 알게 된 어린 소년입니다. 그는 Hogwarts School of Witchcraft and Wizardry에 다니며 새로운 친구를 사귈 수 있습니다. 그들은 함께 마법의 돌을 훔치려는 사악한 계획을 막습니다.

중학생: 고아가 된 소년 해리 포터는 자신이 마법사라는 사실을 알게 되고 호그와트 마법 학교에 다닙니다. 친구인 론과 헤르미온느와 함께 그는 마법에 대해 배우고 신비한 돌의 숨겨진 비밀을 밝혀냅니다. 세 사람은 도전에 직면하고 궁극적으로 강력한 마법사의 돌을 얻으려는 사악한 음모를 좌절시킵니다.

고등학생: 평범한 소년 해리포터는 자신이 마법사라는 사실을 알고 호그와트 마법학교로 보내진다. 친구인 론 위즐리, 헤르미온느 그레인저와 함께 마법의 세계에 대해 배우고 전설적인 마법사의 돌 뒤에 숨겨진 진실을 밝히며 다양한 시련에 직면합니다. 친구들은 적을 능가하고 돌이 잘못된 손에 떨어지는 것을 방지하여 힘을 보존하고 세상을 보호합니다.

대학생: J.K. Rowling의 소설 'Harry Potter and the Sorcerer's Stone'의 주인공 Harry Potter는 자신의 마법 유산을 발견하고 Hogwarts School of Witchcraft and Wizardry에 등록합니다. Ron

Weasley와 Hermione Granger와 친구가 되면서 트리오는 불멸을 부여할 수 있는 강력한 유물인 Sorcerer's Stone의 수수께끼 같은 역사를 탐구합니다. 일련의 장애물에 직면한 그들은 사악한 목적을 위해 그 힘을 악용하려는 세력이 돌을 탈취하려는 시도를 성공적으로 저지합니다.

인물이나 책, 학교 이름 등 특정 부분이 영어로 표현된 것을 제외하면 각각의 수준에 알맞게 요약된 것을 볼 수 있다. 문장도 요청한 대로 모두 세 개씩이며, 특히 한국어로 번역한 결과임에도 같은 책을 수준에 따라 각각 다른 난이도의 어휘를 사용하여 요약하였음을 확인할 수 있었다. 챗GPT는 기존의 검색엔진과 달리 내가 원하는 대로 자연스럽게 글을 써줄 뿐만 아니라 이렇게 독자의 수준에 맞게 난이도를 조절할 수도 있으므로 매우 유용하다.

04. 글 다듬기

챗GPT가 생성한 글을 토대로 문장을 다듬거나 다른 용도로 바꾸어 쓰는 것도 가능하다. 앞서 《해리포터와 마법사의 돌》을 초등학생 수준에서 요약한 글은 첫 번째 문장만 반말로 번역되었다. 그래서 말투를 통일하고 대상에 맞춰 좀 더 친근하게 바꾸어 달라고 요청하였다.

입력

네가 요약한 아래 글은 높임말과 반말이 섞여 있어. 모두 높임말로 통일해 주고 좀 더 친근한 표현으로 바꿔줘.

평범한 소년 해리포터는 자신이 마법사라는 사실을 알고 호그와트 마법학교로 보내진다. 친구인 론 위즐리, 헤르미온느 그레인저와 함께 마법의 세계에 대해 배우고 전설적인 마법사의 돌 뒤에 숨겨진 진실을 밝히며 다양한 시련에 직면합니다. 친구들은 적을 능가하고 돌이 잘못된 손에 떨어지는 것을 방지하여 힘을 보존하고 세상을 보호합니다.

결과

평범해 보이는 소년 해리 포터는 자신이 마법사라는 걸 알게 되고, 호그와트 마법학교에 입학하게 돼요. 그곳에서 론 위즐리와 헤르미온느 그레인저라는 친구들을 사귀면서 마법의 세계를 배우고 전설 속 마법사의 돌의 비밀을 찾아내죠. 이 친구들은 어려운 과제를 함께 극복하고, 마법사의 돌이 나쁜 사람들의 손에 넘어가지 않게 지켜내면서 마법 세계를 지키는 데 기여하게 됩니다.

구체적으로 서술어의 형태를 바꾸어달라고 요청하지 않았음에도 '친근하게'라는 말의 의미를 해석하여 '~요', '~죠', '~입니다' 등 다양한 형태의 서술어를 사용한 것을 볼 수 있다. 맞춤법과 띄어쓰기, 문장의 주술 호응 관계도 흠 잡을 데 없을 만큼 자연스럽다.

단순 요약된 글에서 한 단계 더 나아가 해당 내용으로 광고 카피 글도 요청할 수 있다.

입력

방금 바꾼 내용을 토대로 '해리포터와 마법사의 돌' 소설을 광고하는 문장을 5개 만들어줘.

결과

1. 호그와트 마법학교에서 시작되는 거대한 모험! 해리 포터와 그의 친구들이 마법사의 돌의 비밀을 찾아내는 환상적인 여행에 동참하세요!

2. 평범한 소년 해리 포터의 숨겨진 마법사 세계로의 초대, 그 놀라운 이야기를 지금 확인해 보세요!

3. 지금껏 경험하지 못한 마법의 세계를 만날 준비가 되셨나요? 해리 포터와 함께 놀라운 모험을 떠나보세요!

4. 해리 포터와 친구들이 마법사의 돌을 찾아 마법 세계를 지키는 이야기, 지금 바로 '해리포터와 마법사의 돌'을 만나보세요!

5. 해리 포터의 처음 시작된 모험, 호그와트 마법학교에서 벌어지는 숨막히는 모험을 지금 바로 체험하세요! '해리포터와 마법사의 돌'로 떠나는 환상적인 여행을 놓치지 마세요!

꽤 그럴 듯한 광고 카피 문구가 완성되었다. 광고 글답게 궁금증과 호기심을 자아내는 표현들을 매력적으로 쏙쏙 골라내어 써주었다.

이번에는 대학생 수준에서 요약한 글을 다듬어 보자. 난이도 조절하기에서 제시되었던 챗GPT가 만들고 번역한 글 중 대학생 수준의 글에서 유독 영어 표현이 많이 발견되었다. 그리고 모든 수준의 글에서 사악한 세력인 '볼드모트'에 대한 직접적인 언급이 없는 것이 아쉬워 추가해 주길 요청하였다.

입력

네가 요약한 대학생용인 아래 글에는 영어와 한국어가 섞여 있어. 모두 한국어로 통일해서 번역해 주고, '사악한 목적을 위해 그 힘을 악용하려는 세력'이 누구인지 구체적인 등장인물의 이름을 넣어서 다시 요약해줘.

J.K. Rowling의 소설 'Harry Potter and the Sorcerer's Stone'의 주인공 Harry Potter는 자신의 마법 유산을 발견하고 Hogwarts School of Witchcraft and Wizardry에 등록합니다. Ron Weasley와 Hermione Granger와 친구가 되면서 트리오는 불멸을 부여할 수 있는 강력한 유물인 Sorcerer's Stone의 수수께끼 같은 역사를 탐구합니다. 일련의 장애물에 직면한 그들은 사악한 목적을 위해 그 힘을 악용하려는 세력이 돌을 탈취하려는 시도를 성공적으로 저지합니다.

결과

J.K. 롤링의 소설 '해리 포터와 마법사의 돌'에서 주인공 해리 포터는 자신의 마법 유산을 발견하고 호그와트 마법학교에 등록합니다. 론 위즐리와 헤르미온느 그레인저와 친구가 되면서 이 삼인조는 불멸을 부여할 수 있는 강력한 유물인 마법사의 돌의 수수께끼 같은 역사를 탐구합니다. 일련의 장애물에 직면한 그들은 불의의 말벌, 볼드모트가 돌을 탈취하려는 시도를 성공적으로 저지하게 됩니다.

드디어 원하던 이름이 등장하였다! 그런데 뭔가 좀 이상하다. 불의의 말벌? 볼드모트가 말벌이 되다니…!

입력

볼드모트는 말벌이 아니라 악당이지 않니? 틀린 부분을 수정해서 다시 요약해줘.

결과

J.K. 롤링의 소설 '해리 포터와 마법사의 돌'에서 주인공 해리 포터는 자신의 마법 유산을 발견하고 호그와트 마법학교에 등록합니다. 론 위즐리와 헤르미온느 그레인저와 친구가 되면서 이 삼인조는 불멸을 부여할 수 있는 강력한 유물인 마법사의 돌의 수수께끼 같은 역사를 탐구합니다. 일련의 장애물에 직면한 그들은 악당 볼드모트가 돌을 탈취하려는 시도를 성공적으로 저지하게 됩니다.

다행히 어느 부분이 잘못되었는지 구체적으로 말해 주지 않아도 틀린 부분만 찾아 정확하게 수정해 주었다. 챗GPT는 생성된 답변에 대한 피드백을 제공할 수 있는 기능이 있다. 이렇게 부정확한 내용들은 구체적인 피드백과 함께 꼭 평가해 주자!

J.K. 롤링의 소설 '해리 포터와 마법사의 돌'에서 주인공 해리 포터는 자신의 마법 유산을 발견하고 호그와트 마법학교에 등록합니다. 론 위즐리와 헤르미온느 그레인저와 친구가 되면서 이 삼인조는 불멸을 부여할 수 있는 강력한 유물인 마법사의 돌의 수수께끼 같은 역사를 탐구합니다. 일련의 장애물에 직면한 그들은 불의의 말벌, 볼드모트가 돌을 탈취하려는 시도를 성공적으로 저지하게 됩니다.

[그림 2-15] 부정확한 내용이 있는 경우 표시한 부정적 피드백

👎 Provide additional feedback   ✕

불의의 말벌 >> 불의의 악덩

☐ This is harmful / unsafe
☑ This isn't true
☐ This isn't helpful

                                                    Submit feedback

[그림 2-16] 구체적인 피드백 제공

이 과정에서 홍미로운 사실을 발견하였다. 저자가 부정적인 피드백을 제공한 후에 시키지 않았음에도 아래와 같이 새로운 결과를 제시하며 사용자의 의견을 물었다.

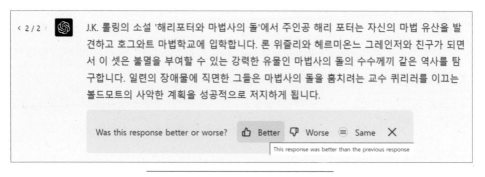

[그림 2-17] 새로운 결과 및 피드백 요청

챗GPT가 생성한 글은 이렇게 꼼꼼하게 읽어 보고 목적에 알맞게 다듬거나 틀린 부분을 수정해 주어야 한다. 챗GPT의 수려한 말솜씨에 속지 말자!

05. N잡러 필수 프로그램: AIPRM for ChatGPT

좀 더 전문적인 입력문을 클릭 몇 번으로 손쉽게 만들고 싶다면 AIPRM for ChatGPT라는 크롬 확장 프로그램을 써보자. 단순 입력문뿐만 아니라 각종 SNS에서 사용할 수 있는 마케팅 광고 문구, SEO(검색엔진 최적화) 등

[그림 2-18] AIPRM for ChatGPT

다양한 콘텐츠 제작이 가능한 입력문을 쉽고 빠르게 생성해 주기 때문에 N잡러들에게는 필수 프로그램이라고 할 수 있다. 크롬 웹 스토어에서 AIPRM for ChatGPT를 검색하여 추가한다. 현재 확장 기능을 사용하려면 유료 계정을 사용해야 하지만, 무료에서도 제한된 범위에

서 사용 가능하기에 무료 계정으로 사용하는 법을 알아보자.

챗GPT에 접속한 후 새로 고침을 하면 다음과 같이 화면 구성이 바뀐다.

[그림 2-19] AIPRM이 설치된 챗GPT 화면

많이 복잡해 보이지만 그만큼 다양한 필수 기능들이 있다.

5-1 이미지 생성 AI 입력어 만들기

미드저니는 입력문을 넣으면 이미지를 생성하는 AI 도구이다. 좋은 그림을 만들기 위해서는 입력문을 잘 넣어야 하는데, 이러한 입력문을 영어로 만드는 것도 쉽지가 않다. 이럴 때 AIPRM의 도움으로 입력문을 쉽게 생성할 수 있다.

Public 탭에서 Topic을 'Generative AI', Activity를 'Midjourney', Sort by를 'Top Votes'로 선택한다. 이 말은 미드저니라는 생성형 AI를 사용할 때, 사용자들의 투표수가 가장 많은 내용을 위주로 검색 결과를 보여 달라는 의미이다. 그리고 바로 밑에 있는 'Midjourney Prompt Generator'를 선택한다.

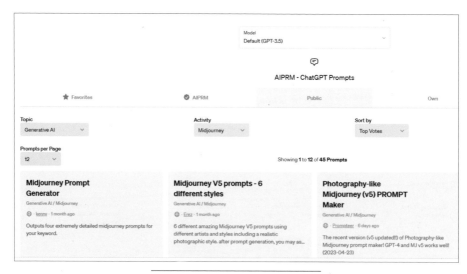

[그림 2-20] AIPRM for ChatGPT에서 Midjourney 프롬프트를 생성하는 과정

그러면 입력창에 Midjourney Prompt Generator라는 문구가 진하게 표시되며 아래쪽에 키워드를 입력할 수 있다. 그림과 같이 Output in에 'English', Tone은 'Emotional', Writing Style 은 'Poetic'을 선택한 후 keyword에 'polar bear, colorful, aurora, moon, awesome'을 입력해 보자.

[그림 2-21] Midjourney Prompt Generator에서 키워드 입력

그 결과 여기에 다 실을 수 없을 정도로 많은 양의 입력문을 생성해 준다. 이 중 마음에 드 는 것을 복사하여 미드저니의 입력문으로 사용할 수 있다.

/imagine prompt: A magnificent polar bear, adorned in a coat of vibrant hues, stands gracefully upon a snowy landscape. Its fur shimmers with an array of colors, reflecting the ethereal brilliance of the dancing aurora overhead. The night sky is aglow with celestial wonders, as the radiant moon casts its gentle light upon this majestic scene. It is a sight of awe-inspiring beauty, where nature's palette intertwines with the cosmic spectacle above. --ar 16:9 --v 5

/imagine prompt: In a realm of dreams, a resplendent polar bear emerges, its fur resplendent with an enchanting kaleidoscope of colors. Against a backdrop of pristine snow, the mystical aurora paints the sky with vibrant strokes, as if an artist's brush caresses the heavens. Bathed in the moon's silvery glow, the bear exudes an aura of grace and mystique, embodying the untamed splendor of the Arctic. This wondrous tapestry of hues and celestial dance evokes a sense of wonder and reverence. --ar 16:9 --v 5

/imagine prompt: Behold the polar bear, a magnificent creature of arctic realms, adorned in a vivid coat that rivals the hues of a summer sunset. With each step it takes upon the snow-covered earth, the aurora ignites the night sky with a breathtaking display of colors, weaving ribbons of luminosity that dance in harmony. The tranquil moon watches over this spectacle, casting a soft glow upon the bear, revealing the majesty hidden within its fur. This sight fills the heart with a profound sense of awe and reverence for the wonders of the natural world. --ar 16:9 --v 5

[그림 2-22] 생성된 미드저니 입력문

5-2 SNS 광고 카피 만들기

이번에는 SNS 중 하나인 페이스북의 광고 카피를 만들어 보자. Topic은 'Copywriting', Activity는 'Marketing', Sort by는 'Top Votes'로 설정한 후 'Create High-Converting Facebook Ad Copy'를 선택한다. 입력창에 Output in은 '한국어', Tone은 'Emotional', Writing Style은 'Poetic'으로 설정한다. '다이어트와 건강에 관심이 많은 40대 여성, 비건 음식 판매'라고 입력한다.

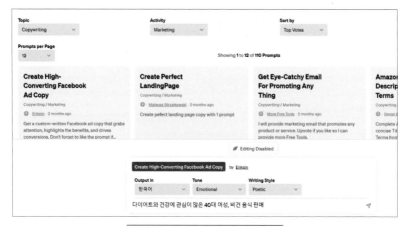

[그림 2-23] 페이스북 광고 카피 만들기

결과

제목: 아름다운 몸매와 건강을 위한 비건 음식, 당신을 초대합니다!

본문: 지친 일상에도 아름다운 변화를 주고 싶으신가요? 다이어트와 건강에 관심이 많은 40대 여성분들께 특별한 소식입니다! 이제 비건 음식으로 새로운 여정을 시작해 보세요.우리의 비건 음식은 천연 재료로 만들어져 있어 건강에 매우 좋습니다. 식물성 단백질로 가득 찬 우리의 음식은 식이 섬유와 영양소로 가득 차 있어 효과적인 다이어트를 돕습니다. 당신은 더 이상 식욕 억제제나 귀찮은 운동을 필요로 하지 않을 거예요. 이제 당신의 몸매를 아름답게 만들고, 늘고 있는 체중을 가볍게 만들어 보세요. 지금 비건 음식을 시도해 보고, 새로운 활력과 자신감을 얻어 보세요!지금 클릭하여 우리의 홈페이지에서 다양한 비건 음식을 확인해 보세요. 한번의 선택이 당신의 인생을 바꿀 수도 있습니다!

호소 사진/비디오: 아름다운 여성이 활기찬 웃음을 지으며 비건 음식을 즐기는 모습

호출문: 지금 바로 클릭하여 비건 음식의 매력을 경험해 보세요!

(참고: 본 광고는 40대 여성을 대상으로 작성되었으며, 비건 음식에 관심이 있는 분들을 위한 것입니다. 광고의 효과를 극대화하기 위해 대상 고객의 특성을 고려하였습니다.)

3

챗GPT를
내 개인 비서로 활용하기

저자는 교사로서 학생들을 가르치는 일 외에도 주요 업무부장을 맡고 있다. 또한, 유튜버, 블로거, 연수와 강의자로 다양한 활동을 하고 있다. 동시에 엄마이기도 하다. 정말 눈코 뜰 새 없이 바쁘다. 나의 본업에 충실하면서도 동시에 내가 원하는 다양한 활동과 역할들을 지속 가능하게 잘하고 싶은 것이 저자의 바람이다.

저자의 경우 챗GPT가 출시된 직후부터 사용하기 시작했고, 유료화 시작 직후부터 바로 유료로 결재하여 사용하고 있다. 3개월 넘게 챗GPT를 사용하면서 수업 준비와 학교 업무, 연수 이름 짓기, 노코드로 작업해 보기, 영어 공부 등 다양한 경험을 해보았다. 많은 사람이 인공지능의 급속한 발전에 두려움을 느끼고 우려하는 반면, 저자의 경우 삶의 편리함이 먼저 느껴졌다. 다시 말해 챗GPT가 '개인 비서' 같은 느낌이 들었다. 그것도 그냥 비서가 아니라 정말 똑똑하고 편리한 비서 같았다. 언제 어디서나 아무 차림으로 만나도 신경 쓰이지 않았고, 검색하도록 명령만 하면 되는 것이 참 편하게 느껴졌다.

저자의 이러한 경험을 바탕으로 챗GPT를 개인적인 용도로 활용하는 방법을 알아보자. 물론 챗GPT를 사적인 용도로 사용할 때는 계산기나 번역, 또는 필요한 지식이나 정보를 검색하는 기본적인 도구로 이용할 수 있을 것이다. 하지만, 이 장에서는 한 걸음 더 나아가 챗GPT를 개인 비서처럼 다양한 영역에서 활용할 수 있는 방법과 함께, 어떻게 입력문을 작성하면 좋을지 구체적인 예를 들어 설명할 것이다.

01. 건강과 웰빙

운동 계획표

챗GPT로 다양한 운동 계획표를 만들 수 있다. 먼저 운동의 종류를 근육이나 유산소 운동, 상체, 하체 운동으로 세분화할 수 있다. 또한, 특정 기간 동안의 운동 계획을 세울 수도 있다. 예를 들어 근력 운동에 관해 입력문을 넣어 보자.

입력

> 장비 없이 집에서 할 수 있는 일주일간의 근력 운동 계획을 표로 만들어줘.

결과

 아래의 표는 집에서 할 수 있는 일주일간의 근력 운동 계획입니다.

요일	운동	세트수/횟수
월요일	푸쉬업	3 sets of 10 reps
화요일	스쿼트	3 sets of 10 reps
수요일	플랭크	3 sets of 30 seconds
목요일	다리 일으키기	3 sets of 10 reps
금요일	런지	3 sets of 30 seconds
토요일	팔굽혀펴기	3 sets of 10 reps
일요일	쉬는 날	-

[그림 3-1] 챗GPT가 생성한 집에서 하는 일주일간의 근력 운동

이때 모르는 운동이 있다면 그 방법을 자세하게 물어볼 수 있다. 화요일 운동인 스쿼트가 무엇인지 챗GPT로 다시 확인해 보자.

입력

여기에서 스쿼트하는 방법을 쉽게 설명해줘.

결과

스쿼트는 허벅지, 엉덩이, 종아리 등의 근육을 강화하는 운동입니다. 아래의 방법으로 스쿼트를
진행할 수 있습니다:

1. 자세 준비: 발을 떨어뜨려, 허벅지는 팔짱의 너비만큼 떨어져 있어야 하고, 상체는 수직으로
   유지합니다.
2. 스쿼트 시작: 허벅지를 굽히며 엉덩이를 내려옵니다.
3. 최하단 위치: 엉덩이가 허벅지와 평행한 위치에 있도록 합니다.
4. 스쿼트 종료: 원위치로 다시 올라옵니다.
5. 반복: 위의 과정을 최소 10회 반복하세요.

스쿼트를 할 때 구성을 잘 유지하고, 허리를 앞으로 굽히지 않도록 주의하세요. 천천히 시작하
셔서 점점 증가시키는 것이 중요합니다.

1-2 영양 섭취

남성과 여성, 연령과 민족에 따라 하루에 섭취해야 할 필수 영양소와 섭취량을 알아볼 수
있다. 한국인 남성의 영양 섭취에 대해 챗GPT로 알아보자. 이때 주의할 것은 영양과 건강에
관한 부분은 챗GPT가 틀릴 수도 있기 때문에 반드시 의사나 약사, 해당 분야 전문가의 의견
을 함께 참고해야 한다.

50세 한국인 남성의 필수 영양소 및 권장 일일 섭취량을 표로 만들어줘.

 아래는 50세 한국인 남성의 필수 영양소 및 권장 일일 섭취량 표입니다.

영양소	권장 일일 섭취량 (mg/day)
칼슘	1000-1200
철분	8-10
아연	11
비타민 C	90
비타민 D	15-20
비타민 B1 (타코아민)	1.2-1.5
비타민 B2 (리보플라빈)	1.3-1.7
비타민 B3 (니아지지안)	16-19
비타민 B6 (피리디오스)	1.7-2.0
비타민 B12	2.4

해당 정보는 건강을 유지하기 위한 기준으로, 개인 상황에 따라 다를 수 있습니다. 건강 상태, 식이 습관, 활동 수준 등에 따라 적절한 영양소 섭취량이 달라질 수 있으므로 건강 관리 전문가와 상의하는 것이 좋습니다.

[그림 3-2] 챗GPT가 생성한 50세 한국인 남성의 하루 섭취 필수 영양소

이번에는 이러한 필수 영양소들을 골고루 포함하고 있는 음식을 한번 입력해 보자.

이 영양소들이 골고루 많이 들어 있는 음식 세 가지와 그 이유를 설명해줘.

현미 - 고영양한 탄수화물 소스이며, 비타민 B1, 나이아신, 비타민 B6, 철 등 필수 비타민과 미네랄을 제공합니다. 양질의 식이섬유도 풍부하여 소화를 조절하고 포만감을 증진시켜 줍니다.

연어 - 연어는 오메가-3 지방산의 풍부한 소스이며, 많은 건강 효과가 있습니다. 염증 완화, 헌혈 건강 개선, 뇌 기능 지원 등이 포함됩니다. 또한, 높은 품질의 단백질과 비타민 B12, D를 풍부하게 제공합니다.

브로콜리 - 브로콜리는 비타민 C와 K, 폴라트와 칼륨의 풍부한 소스입니다. 또한 암세포 예방에 도움을 줄 수 있는 성분이 풍부하게 함유되어 있습니다.

02. 식단과 요리

2-1   요리가 이렇게 쉬웠어?

입력

10분 만에 만들 수 있으면서 필수 영양소가 골고루 들어 있는, 요리 초보도 만들 수 있는 아침 식사 요리법을 알려줘. 어린이들과 어른들이 다 좋아하는 음식이어야 해.

결과

에그 앤 베지 스크램블

재료: 달걀 2개, 다진 채소 1/4컵(피망, 양파, 시금치 등), 우유 1 큰술, 맛볼 소금과 후추, 버터 또는 오일 1 작은술

요리 방법:

1. 붙지 않는 프라이팬을 중간 불에 올리고 버터나 오일을 추가합니다.

2. 다진 채소를 넣고 약간 부드러워질 때까지 2~3분간 볶습니다.

3. 작은 볼에 달걀, 우유, 소금, 후추를 넣고 휘젓습니다.

4. 달걀 혼합물을 프라이팬에 붓고 부드럽게 저어 달걀이 스크램블 되도록 하고 채소를 섞어줍니다.

5. 계란이 완전히 익고 약간 노릇해질 때까지 2~3분간 조리합니다.

6. 토스트나 통곡물 빵과 함께 바로 제공합니다.

이 레시피에는 달걀과 채소의 단백질, 섬유질, 비타민, 미네랄 등 필수 영양소가 풍부하게 들어 있습니다. 또한 빠르고 쉽게 만들 수 있어 바쁜 아침 식사에 안성맞춤입니다. 창의력을 발휘하여 좋아하는 채소와 양념을 추가하여 나만의 레시피를 만들 수도 있습니다. 맛있게 드세요!

요리법에 관한 다양한 입력문들은 다음과 같다.

한국의 비건 음식 중에서 초보자도 10분 만에 만들 수 있는 간단한 요리법을 소개해 줘.

당근, 양파, 닭가슴살, 치즈로 만들 수 있는 음식을 세 가지 알려줘.

유당 제거 음식의 종류를 세 가지 알려줘.

생후 10개월이 된 아기에게 만들어 줄 이유식 두 가지를 알려줘.

혼자 사는 70대 노인이 쉽게 만들 수 있는 고단백 음식이나 대체 음식을 소개해 줘.

2-2 식단 짜기

입력

치아 교정을 이제 막 시작한 12세 아이가 쉽고 즐겁게 먹을 수 있는 영양가가 골고루 포함된 3일간의 식단표를 만들어줘.

결과

1일 차:

조식: 신선한 베리와 그래놀라를 곁들인 그릭 요거트

간식: 후무스를 곁들인 당근 스틱

점심: 통곡물 토르티야, 아보카도, 양상추, 토마토를 곁들인 구운 치킨 랩

간식: 땅콩버터를 곁들인 사과 조각

저녁: 연어 구이와 구운 야채(브로콜리, 당근, 고구마 등)

2일 차:

아침: 아몬드 우유와 꿀을 곁들인 바나나 오트밀

간식: 견과류, 씨앗, 말린 과일이 들어간 트레일 믹스

점심: 방울토마토, 오이, 페타 치즈, 레몬 드레싱을 곁들인 퀴노아 샐러드

간식: 요거트 베리 스무디

석식: 채소(애호박, 양파, 피망 등)를 곁들인 닭꼬치구이

3일 차:

아침: 통곡물 토스트와 아보카도를 곁들인 스크램블 에그

간식: 코티지 치즈를 곁들인 슬라이스 망고

점심: 통밀빵에 양상추와 토마토를 곁들인 칠면조 치즈 샌드위치

간식: 치즈와 포도를 곁들인 통곡물 크래커

저녁: 두부 야채볶음, 혼합야채(버섯, 브로콜리, 피망 등), 현미밥

식단과 관련된 다양한 입력문들은 다음과 같다.

일주일간 체중을 2kg 줄일 수 있는 건강한 다이어트 식단을 표로 만들어줘.

대학 입학시험을 앞두고 하루 종일 책상에 앉아 공부만 하고 운동할 시간이 없는 18세 남자아이에게 필수 영양소가 골고루 들어가면서도 좋아할 만한 일주일 식단을 만들어줘. 대신 패스트푸드는 빼줘.

한국 음식을 전혀 먹어보지 못한 미국인이 2일간 한국의 가정집에서 홈스테이하게 되었어. 이 미국인이 즐길 수 있는 한국 음식으로 구성된 2일간의 식단을 만들어줘.

채식주의자인 20대 여성의 생일파티 음식을 만들 거야. 만들기 쉬우면서 예쁘기도 한 비건 파티 음식 다섯 가지를 소개해 줘.

위가 약한 사람들을 위한 7일간의 식단을 만들어줘.

2-3 커피와 차

저자의 경우 하루에 커피를 두 잔 이상 마신다. 여러 가지 종류의 과일 차나 녹차를 마실 때도 있다. 저녁에 커피나 차를 마실 때는 잠이 오지 않을까 봐 카페인의 유무를 확인해야 할 때도 있다. 챗GPT에 커피와 차에 관한 조언을 구해 보자.

입력

한국에서 구하기 쉬우면서 카페인이 없고 달콤한 맛의 차를 추천해 줘.

결과

루이보스 차: 홍차라고도 알려진 루이보스 차는 자연적으로 카페인이 없으며 달콤하고 견과류의 풍미를 가지고 있습니다. 또한 항산화 물질이 풍부하며 여러 가지 건강상의 이점이 있는 것으로 밝혀졌습니다.

허브 과일 차: 허브 과일차는 사과, 베리, 복숭아 등 다양한 과일로 만들어지며 자연적으로 단맛이 납니다. 또한 카페인이 없으며 뜨겁게 또는 얼음과 함께 즐길 수 있습니다.

캐모마일 차: 캐모마일 차는 진정 효과가 있는 것으로 알려져 있으며 자연적으로 달콤한 맛이 납니다. 또한 카페인이 없으며 취침 전 차로 즐기거나 스트레스와 불안을 해소할 수 있습니다.

페퍼민트 차: 페퍼민트 차는 자연적으로 카페인이 없으며 상쾌하고 달콤한 맛이 납니다. 또한 페퍼민트는 소화 작용을 하는 것으로도 알려져 있으며 위장 문제를 진정시키는 데 도움이 될 수 있습니다.

허니부쉬 차: 허니부쉬 차는 루이보스 차와 비슷하며 꿀 향이 나는 자연스러운 단맛이 특징입니다. 또한 카페인이 없고 항산화 물질이 풍부합니다.

커피와 차에 관한 다양한 입력문들은 다음과 같다.

아프리카에서 생산되는 커피의 종류 중 산미가 덜하고 고소한 맛이 나는 것을 추천해 줘.

커피 그라인더가 없는 경우 집에서 커피 원두를 분쇄할 방법은?

코코넛 라테를 특별한 기구 없이 집에서 쉽게 만들 수 있는 방법을 알려줘.

콤부차를 쉽게 만들 방법을 알려줘.

여드름을 완화하는 데 도움이 되는 차를 추천해 줘.

03. 집 정리 및 인테리어

3-1 집 정리

입력

가스레인지 주위에 묻어 있는 찌든 때를 지울 수 있는 친환경적인 방법을 알려줘.

결과

재료: 베이킹 소다, 물, 스펀지 또는 천

사용법:

1. 그릇에 베이킹 소다와 물을 섞어 반죽을 만듭니다. 베이킹소다와 물의 비율을 2:1로 섞으세요.
2. 스펀지나 천을 사용하여 가스레인지 주변의 얼룩진 부분에 반죽을 바릅니다.
3. 반죽을 얼룩 부위에 약 10~15분간 그대로 둡니다.
4. 스펀지나 천으로 얼룩진 부분을 부드럽게 문질러 닦아냅니다.
5. 물로 해당 부위를 헹구고 깨끗한 천으로 물기를 닦아내세요.

베이킹 소다는 가스레인지 주변의 얼룩과 때를 효과적으로 제거할 수 있는 천연 무독성 세정제입니다. 이 방법은 환경에 해를 끼칠 수 있는 독한 화학 물질을 사용하지 않기 때문에 친환경적이기도 합니다.

하루에 10분씩만 투자해서 집안 청소를 하는 계획표를 챗GPT를 이용하여 만들 수 있다.

입력

하루에 10분 정도만 투자하여 집 안 청소할 수 있는 7일간의 계획을 표로 작성해줘.

결과

Day	청소 내용
1	부엌 청소 (싱크대, 쇠그릇, 컵 등) / 쓰레기통 비우기 / 먼지 청소 (식탁, 선반, 창문 등)
2	욕실 청소 (화장실, 세면대, 거울 등) / 수건 교체 / 먼지 청소 (바닥, 벽 등)
3	거실 청소 (소파, 카펫, 커튼 등) / 책상, 책장 등 먼지 청소 / 쓰레기통 비우기
4	침실 청소 (침대, 옷장, 서랍 등) / 시트 교체 / 먼지 청소 (바닥, 벽 등)
5	다용도실 청소 (세탁기, 건조기, 청소기 등) / 청소도구 관리 (먼지털이, 걸레 등 청소도구 정리) / 쓰레기통 비우기
6	베란다 청소 (바닥, 창문, 창틀 등) / 화분 및 화분대 청소 / 먼지 청소 (바닥, 벽 등)
7	모든 공간 먼지 청소 / 쓰레기통 비우기 / 필요한 경우 추가 청소

[그림 3-3] 챗GPT가 생성한 집 안 청소 7일간 계획

청소에 관한 다양한 입력문들은 다음과 같다.

8세 아이에게 자신의 책상을 정리하는 방법을 알려주는 3일간의 계획표를 만들어줘.

가정에서 실천할 수 있는 쓰레기 분리수거 분류표를 만들어줘.

화장실 청소를 하는 과정을 상세하게 알려줘.

식초로 할 수 있는 집 안 청소를 알려줘.

공기 청정기와 같이 전기를 사용하는 제품 없이 친환경으로 집 안 공기를 정화할 방법을 두 가지 알려줘.

3-2 인테리어

입력

직장에서 돌아왔을 때 편안함을 줄 수 있는 집 안 인테리어 소품 중 거실에 둘 수 있는 것을 두 가지 추천하고 이유도 알려줘.

결과

쿠션

1. 쿠션은 거실 소파나 의자에 두어 편안한 분위기를 조성할 수 있는 소품입니다.

2. 부드러운 쿠션을 두면 자연스럽게 몸이 편안해지며, 느긋하게 쉬는 시간을 보낼 수 있습니다.

3. 또한 쿠션의 색상과 패턴을 자신이 선호하는 스타일로 선택하여 개성을 표현할 수도 있습니다.

디퓨저

1. 디퓨저는 향기를 통해 거실에 편안한 분위기를 조성할 수 있는 소품입니다.

2. 플라워, 우드, 시트러스 등 다양한 향을 선택하여 자신이 선호하는 향기를 방에 퍼뜨릴 수 있습니다.

3. 또한 일상적인 피로와 스트레스를 풀어줄 수 있는 힐링 효과도 있어, 집에서 편안한 시간을 보내기에 좋은 소품입니다.

쿠션과 디퓨저는 둘 다 거실에 두어 손쉽게 사용할 수 있는 소품으로, 간단하게 인테리어를 완성하면서도 집에서 편안한 시간을 보내는 데 큰 도움을 줄 수 있습니다. 또한 개성적인 디자인의 제품들이 많기 때문에 자신이 선호하는 스타일로 소품을 고르면 집에서 더욱 편안한 분위기를 조성할 수 있습니다.

인테리어에 관한 다양한 입력문들은 다음과 같다.

원룸이지만 침실과 거실, 공부방, 부엌 공간을 나누고 싶은데 어떻게 하면 좋을까?

불면증 치료에 도움이 되면서 비싸지 않은 인테리어 방법을 알려줘.

이제 막 걸음마를 시작한 아이가 있는 집에 적절하게 안전한 인테리어 방법을 알려줘.

공기 정화에 도움이 되면서 비싸지 않고, 집에서 쉽게 키울 수 있는 크기가 큰 식물 두 가지를 추천해 줘.

스트레스를 완화하고 잠을 잘 들게 도와주는 아로마 디퓨저용 에센셜 오일을 추천해 줘.

04. 자녀 교육

4-1 양육 조언

입력

거짓말을 자주 하는 8세 자녀에게 설득력 있으면서도 엄하고 따뜻하게 나쁜 습관을 고치도록 엄마처럼 말해줘.

결과

사랑하는 우리 딸, 아주 중요한 얘기를 하고 싶구나. 네가 거짓말을 자주 하는 것 같아서 걱정이 된단다. 거짓말은 사람들의 감정을 상하게 하고 관계를 손상시킬 수 있는 나쁜 습관이야. 힘들더라도 항상 진실을 말하는 것이 중요하다는 것을 네가 이해했으면 좋겠구나.

때때로 문제가 생길까 봐 두렵거나 걱정될 수도 있지만, 거짓말은 결코 옳은 행동이 아니야. 실수를 하더라도 정직하고 자신의 행동에 책임을 지는 것이 중요해. 나는 네가 이 나쁜 습관을 고치고 정직하고 성실한 사람으로 인정받을 수 있도록 도울 거야.

이제부터 우리는 이 습관을 바꾸기 위해 함께 노력할 거야. 거짓말을 하고 싶을 때마다 심호흡을 하고 진실을 말하는 것이 중요하다는 것을 기억해. 나는 네가 실수를 하더라도 항상 너의 말을 경청하고 도와주기 위해 여기 있을 거야. 정직하고 신뢰할 수 있는 습관을 기르기 위해 함께 노력하자.

나는 무슨 일이 있어도 너를 사랑하고 믿어. 나는 네가 이 습관을 바꾸고 더 나은 정직한 사람이 될 수 있다는 것을 알고 있어. 그러니 함께 노력하자, 알겠지?

양육 조언에 관한 다양한 입력문들은 다음과 같다.

10세 자녀에게 용돈을 관리하는 실제적인 방법을 다섯 가지 안내할 수 있도록 표로 만들어서 짧게 설명해 줘.

얼굴에 여드름이 많이 난 17세 여학생이 피부를 쉽게 관리할 방법을 알려줘.

엄마와 대화하지 않는 사춘기 아들이 거부감을 느끼지 않고 엄마와 자연스럽게 대화를 시작할 수 있는 주제를 추천해 줘. 장래 희망이나 미래의 꿈과 같은 진지한 주제는 안 돼.

10세 자녀의 행동에 대해 부모가 개입하지 않고 기다려 주어야 하는 경우는 언제일까?

동물을 좋아하는 초등학생 자녀에게 동물은 때론 위험할 수도 있다는 것을 알려줄 수 있도록 다정하게 말해줘.

4-2 놀이 및 학습 활동 계획

어린 자녀일수록 부모와의 행복한 추억과 다양한 경험들이 중요하다. 그러나 나이가 들수록 놀이뿐만 아니라 학습적인 면도 준비해야 한다. 이런 부분들을 아이의 성향과 연령, 조건에 맞게 챗GPT에 조언을 구해볼 수 있다.

입력

집 안에서 5세 남자아이와 아빠, 엄마가 함께 운동하면서 놀고 싶어. 층간 소음 없이 시끄럽지 않게 아이와 재미있게 노는 방법은 어떤 것이 있을까?

결과

1. 에어로빅: 에어로빅은 전신을 사용하는 운동으로, 아이와 함께 춤을 추며 즐겁게 운동할 수 있습니다. 음악에 맞춰 다양한 동작을 하면서 운동을 즐길 수 있습니다.

2. 복싱: 복싱은 전신을 사용하는 운동으로, 아이와 함께 막대기나 손가락으로 복싱 운동을 하면서 놀 수 있습니다. 적당한 거리를 유지하면서 맞서 싸우며 즐길 수 있는 운동입니다.

3. 무릎 굴리기: 무릎을 굴리는 운동은 땅에 엎드려 무릎을 굴리면서 전신의 근육을 사용합니다. 아이와 함께 엎드려 무릎을 굴려보면서 즐겁게 운동을 할 수 있습니다.

4. 스쿼트: 스쿼트는 다리 근육과 엉덩이 근육을 강화하는 운동으로, 아이와 함께 앉아 일어나는 동작을 하면서 운동을 즐길 수 있습니다.

5. 팔굽혀펴기: 팔굽혀펴기는 상체 근육을 강화하는 운동으로, 아이와 함께 손바닥과 발바닥을 바닥에 붙인 채 팔굽혀펴기를 하면서 운동을 즐길 수 있습니다.

이제는 학습적인 면에 대해 챗GPT에 물어보자.

입력

7세 아이에게 집 안에 있는 안전한 물건으로 도형의 개념을 알려주고 싶어. 어떤 방법이 있을까?

결과

1. 집 안에서 찾아보기

집 안에서 찾을 수 있는 물건들을 이용하여 도형의 개념을 가르치는 것이 좋습니다. 예를 들어 삼각형 모양의 창문, 사각형 모양의 문, 원 모양의 테이블 등을 보여주며 도형의 개념을 설명해 보세요.

2. 실제 물건으로 만들어 보기

종이나 접시, 스폰지 등을 이용하여 도형의 형태를 만들어 보는 것도 좋은 방법입니다. 예를 들어 삼각형 모양의 종이접기, 사각형 모양의 접시 만들기 등을 시도해 보세요.

3. 놀이를 이용하기

놀이를 통해 도형의 개념을 가르치는 것도 좋은 방법입니다. 예를 들어 블록 놀이나 퍼즐을 이용하여 삼각형, 사각형, 원 등의 도형을 구성하며 놀아 보세요.

4. 책을 이용하기

도서관이나 인터넷 등에서 도형의 개념을 설명해 주는 적절한 책을 찾아서 아이와 함께 읽어보는 것도 좋은 방법입니다.

5. 실제로 그려보기

종이와 연필을 이용하여 도형을 그려보는 것도 좋은 방법입니다. 아이와 함께 삼각형, 사각형, 원 등의 도형을 그리며 도형의 특징을 설명해 보세요.

놀이 및 학습 활동에 관한 다양한 입력문들은 다음과 같다.

수줍음을 많이 타는 8세 여자아이가 또래 친구들과 자연스럽게 어울려 놀 방법을 알려줘.

15세 학생들에게 존중과 배려에 대해 가르쳐 줄 수 있는 영화나 소설을 추천해 줘.

중학생이 겨울방학 계획을 짤 때 지속 가능하고 실천할 수 있는 계획은 무엇일까?

초등학생이 꼭 알아야 하는 필수 영어 표현과 우리말 뜻을 써서 표로 만들어줘.

여름방학 때 부산에서 실시하는 초등학생 고학년을 대상으로 한 캠프는 어떤 것이 있을까?

05. 반려견/반려묘 돌봄

5-1 일반적인 정보들

반려견이나 반려묘를 키우기로 결심했다면 준비하거나 알아야 할 사항들이 많이 있다. 애완동물과 관련된 일반적인 정보들은 챗GPT로 쉽게 알아볼 수 있다.

입력

반려견이 꼭 받아야 하는 예방 접종을 개월 수나 나이에 따라 짧게 설명해 줘.

결과

1. 생후 6-8주: 디스템퍼, 파보바이러스, 간염

2. 생후 12-16주: 광견병

3. 생후 14~16주: 디스템퍼, 파보바이러스, 간염

4. 생후 12-24주: 보르데텔라

5. 매년: 광견병, 디스템퍼, 파보바이러스, 간염, 보르데텔라 및 렙토스피라증(수의사가 권장하는 경우)

그러나 일정과 빈도는 개의 나이, 건강 및 라이프스타일과 같은 요인에 따라 달라질 수 있으므로 개의 특정 예방 접종 필요에 대해 수의사와 상의하는 것이 중요합니다. 반려견의 예방 접종에 대한 최신 정보를 유지함으로써 반려견의 건강을 유지하고 위험한 질병으로부터 보호할 수 있습니다.

반려견과 반려묘 정보에 관한 다양한 입력문들은 다음과 같다.

반려견 중 체구가 작고 성격이 온순한 종 세 가지를 추천해 줘.

반려견의 하루 섭취해야 할 필수 영양소를 설명해 줘.

반려견이 싫어하지 않는 목욕 방법을 알려줘.

집 안에서 캣타워를 설치하기 좋은 위치는 어디일까?

반려견 배변 훈련을 시키는 방법을 자세하고 친절하게 설명해 줘.

5-2 놀이 및 학습 활동 계획

반려견과 반려묘를 돌보면서 발생할 수 있는 다양한 상황에 대해서 조언을 구할 수 있다.

입력

화가 난 강아지를 빠르게 진정시키려면 어떻게 해야 할까?

결과

1. 강아지를 그 상황에서 떼어놓기: 강아지가 시끄러운 소리나 다른 개와 같은 환경에 있는 무언가 때문에 화가 난다면, 그 상황에서 더 차분하고 조용한 곳으로 강아지를 떼어 놓으십시오.

2. 차분한 목소리 사용: 차분하고 부드러운 목소리로 강아지에게 말하면 강아지의 스트레스와 불안을 줄이는 데 도움이 될 수 있습니다. 거칠거나 화난 어조를 사용하지 마십시오. 상황을 악화시킬 수 있습니다.

3. 주의를 산만하게 하십시오: 강아지에게 장난감이나 간식을 제공하여 관심을 집중시킬 수 있으면 강아지의 에너지 방향을 전환하고 진정시키는 데 도움이 될 수 있습니다.

4. 심호흡하기: 짜증이 나거나 화가 났을 때 심호흡을 하고 침착함을 유지하는 것도 강아지를 달래는 데 도움이 될 수 있습니다. 강아지는 우리의 감정을 알아차릴 수 있으므로 가능한 한 침착하고 인내심을 유지하는 것이 중요합니다.

반려견과 반려묘 돌봄에 관한 다양한 입력문들은 다음과 같다.

반려묘가 기분이 좋을 때 보이는 행동은 어떤 것들이 있을까?

반려견과 반려묘를 함께 키울 때 주의해야 할 사항은 어떤 것들이 있을까?

반려견(반려묘)과 함께 놀아줄 방법을 추천해 줘.

반려견(반려묘)이 몸이 아플 때 나타나는 증상은 무엇일까?

나이가 많은 반려견(반려묘)에게 특별히 신경을 써야 할 부분을 알려줘.

06. 각종 글쓰기

6-1 이메일 쓰기

저자의 경우 일상생활에서 제품 구입이나 교환, 문의하기 위해 관련 회사나 부서에 이메일을 쓰는 경우가 있다. 이때 최대한 정중하면서도 설득력 있게 편지를 써서 내가 원하는 목적을 이루기 위해 챗GPT의 도움을 받아 보자.

입력

드라이기를 새로 구입했는데 색깔을 바꾸고 싶어. 최대한 공손하면서도 설득력 있게 드라이기 회사에 편지를 써줘.

결과

친애하는 [Dryer Company],

최근 귀사의 헤어 드라이어 중 하나를 구입했는데 성능에 만족합니다. 하지만 헤어 드라이어의 색상 변경을 요청하고 싶습니다.

헤어 드라이어의 디자인은 높이 평가하지만 색상은 제 개인적인 취향에 맞지 않습니다. 고객으로서 제 스타일에 더 잘 맞도록 헤어 드라이어를 맞춤화할 수 있는 옵션을 원합니다.

귀사의 추가 시간과 노력이 필요하다는 점을 이해하므로 색상 변경 비용을 지불할 용의가 있습니다. 가능하다면 색상 변경 프로세스 진행 방법 및 관련 비용에 대한 정보를 알려주시겠습니까?

저는 품질과 고객 만족에 대한 귀사의 약속을 소중하게 생각하며 상호 이익이 되는 해결책을 찾을 수 있기를 바랍니다. 이 문제에 관심을 가져주셔서 감사합니다.

진심을 담아,

[당신의 이름]

이메일에 관한 다양한 입력문들은 다음과 같다.

화장품 체험단 지원 기간이 끝났지만, 체험단에 지원하고 싶어. 해당 부서에 이메일로 추가 신청을 허락해 달라는 내용을 최대한 공손하면서도 설득력 있게 써줘.

자녀의 담임 선생님께 상담을 요청하는 편지를 최대한 공손하게 써줘. 선생님께서 많이 수고하시는 것에 대한 감사의 내용도 꼭 넣어줘.

독자로서 작가에게 책을 감명 깊게 읽었다는 내용과 다음에도 비슷한 주제의 글을 써주길 바란다는 내용의 이메일을 최대한 공손하면서도 감사의 마음을 담아 써줘.

행정 당국의 담당자에게 집 앞 도로에 신호등을 설치해 달라는 내용의 이메일을 써줘. 최대한 설득력 있게 쓰되 해당 지역을 어린 학생들이 자주 이용한다는 사실을 꼭 포함해 줘. 특히 빠르게 지나가는 차들이 있어서 사고가 날 뻔한 적도 있다는 내용도 강조해 줘.

건조기를 샀는데 사후관리를 받았는데도 계속 문제가 생기는 현상에 대해 이른 시일 내에 제품을 교체해 달라는 내용의 이메일을 최대한 예의 바르면서도 설득력 있게 써줘.

6-2 기타 글쓰기

일상생활에서 감사를 표하거나 초대하는 등 작문이 필요한 경우가 많이 있다. 이럴 때 글솜씨가 없는 경우 참 난감할 수 있다. 내용을 잘 전달하면서도 최대한 독자를 존중하는 어조의 글을 챗GPT의 도움으로 작성할 수 있다. 가족의 장례식에 참여한 분들께 보내는 감사의 인사 문구를 써보자.

입력

지난번 어머니의 장례식에 참여해 주신 분들에게 감사의 인사를 전하는 편지를 써줘.

결과

친애하는 친구 및 가족 여러분,

어머니의 장례식에 참석해 주시고 위로해 주신 여러분께 저와 가족을 대표해 깊은 감사의 말씀을 전합니다. 여러분의 참석과 따뜻한 말 한마디가 이 어려운 시기에 저희 가족에게 위로와 힘이 되었습니다.

여러분 한 분 한 분이 보여주신 사랑과 관심은 어머니가 수많은 삶에 끼친 영향에 대한 증거입니다. 여러분의 응원은 저희가 상실을 극복하는 데 큰 도움이 되었으며 영원히 감사할 따름입니다.

어머니를 아는 사람들의 마음 속에 어머니의 기억이 살아 있다는 사실에 위안을 삼습니다. 저희 인생에 이렇게 훌륭한 친구와 가족이 있다는 것은 정말 큰 축복입니다.

여러분의 친절과 위로에 다시 한 번 감사드립니다. 결코 잊지 못할 추억입니다.
진심으로 감사드립니다,

[귀하의 이름]

각종 글쓰기에 관한 다양한 입력문들은 다음과 같다.

딸의 결혼식에 참석한 사람들에게 감사를 표하는 편지글을 써줘.

오랫동안 만나지 못했던 동문들에게 편지를 쓰되, 그립다는 표현과 잘 지내는지에 대한 안부 글을 꼭 포함해 줘.

나 대신 딸을 데려다준 딸의 친구 엄마에게 딸을 안전하게 돌봐주고 데려다주어서 고맙다는 내용의 짤막한 글을 따뜻하면서도 예의 바르게 써줘.

담임선생님께 자녀가 아파서 학교에 지각한다는 내용의 메시지를 최대한 공손하고 예의 바르게 써줘.

독서 모임을 공지하는 글을 써줘. 계절이 봄이라는 것과 꼭 만나고 싶다는 내용을 따뜻하면서도 유머러스하게 표현해 줘.

07. 여행 계획

챗GPT를 여행에 활용할 수 있는 가장 대표적인 방법은 번역기의 용도로 사용하는 것이다. 그러나 챗GPT는 번역뿐만 아니라 다른 방법으로도 충분히 사용할 수 있으므로 이를 알아보도록 하자.

7-1 여행 경로 짜기

챗GPT의 도움으로 여행 경로와 계획을 세울 수 있다. 이미 정해진 부분을 구체적으로 알려 준다면 원하는 정보를 좀 더 정확하게 얻을 수 있다.

입력

부산에 처음 가보는 여행으로 최고 여행지 여섯 곳을 추천해 줘. 이 중 두 곳은 식당으로 추천해 줘.

결과

1. 해운대 해수욕장: 한국에서 가장 유명한 해수욕장 중 하나이며 바다 전망을 즐기며 휴식을 취하기에 좋은 곳입니다.
2. 자갈치시장: 한국 최대 규모의 수산시장으로 전통시장의 북적거리는 분위기를 느끼며 싱싱한 해산물을 맛볼 수 있다.
3. 감천문화마을: 알록달록한 집들과 좁은 골목길로 유명한 그림 같은 마을. 사진 애호가를 위한 완벽한 장소이자 한국 문화에 몰입할 수 있는 좋은 장소입니다.
4. 국제시장: 의류, 장신구, 식품 등 다양한 상품을 판매하는 1,000개 이상의 상점이 있는 전통시장. 이곳에서 현지 간식과 요리를 맛보실 수 있습니다.
5. 동래할매파전: 부산에서 유명한 파전 전문점. 한국의 전통 술인 막걸리도 제공합니다.
6. 밀면 골목: 부산의 명물 냉면인 밀면을 파는 식당들이 즐비한 거리.

각종 글쓰기에 관한 다양한 입력문들은 다음과 같다.

부산 국제시장에서 걸어서 2시간 만에 방문할 수 있는 관광지를 세 군데 추천해 줘.

10세 자녀가 즐길 수 있는 부산의 1박 2일 여행 코스를 계획해 줘.

부산에서 가장 유명한 식당 열 군데를 추천해 줘.

2명이 30만 원으로 숙식까지 해결할 수 있는 1박 2일의 부산 여행 코스를 짜줘.

8세 자녀와 함께 하루 동안 걸어서 부산을 여행할 수 있는 여행 경로를 짜줘.

구글 내 지도와 연동하기

챗GPT로 여행 경로를 계획한 후 그 경로대로 구글 내 지도에 표시하면, 지도로 시각화되어 훨씬 보기 편하고 이동 시간 등도 알 수 있다. 챗GPT의 검색 결과로 구글 내 지도에서 여행 지도를 만들어 보자.

입력

8세 자녀와 함께 하루 동안 부산을 여행할 수 있는 경로를 짜줘.

결과

9:00 am - 길거리 음식과 전통 한식으로 유명한 서면 시장에서 아침 식사로 하루를 시작하세요.

10:00 am - 용두산 공원을 방문한 후 에스컬레이터를 타고 부산타워로 올라가면 도시의 전경을 감상할 수 있습니다.

11:00 am - 거리 공연과 영화 관련 명소가 있는 인기 쇼핑가인 인근 BIFF 광장으로 이동합니다.

12:00 pm - 다양한 포장마차와 상점이 있는 부산 최대의 재래시장인 국제시장에서 점심식사.

13:00 pm - 알록달록한 건물과 독특한 거리 예술이 있는 산비탈 마을인 감천문화마을로 걸어 가세요.

3:00 pm - 부산시립미술관을 방문하세요.

4:00 pm - 부산에서 가장 유명한 해수욕장 중 하나인 해운대 해수욕장으로 이동하여 아름다운 바다 전망을 감상합니다.

6:00 pm - 해운대 해수욕장 근처에 위치한 동백섬 해산물 레스토랑에서 저녁 식사를 하며 하루를 마무리하세요.

크롬 검색창에서 '구글 내 지도'라고 검색한 후 나타나는 첫 번째 결과를 선택한다.

[그림 3-4] 구글 내 지도 접속

시작하기와 + 새 지도 만들기를 차례대로 클릭한다

[그림 3-5] 새 지도 만들기

　제목 없는 지도 부분을 클릭해서 부산 하루 여행이라고 입력하고, 제목 없는 레이어도 클릭해서 부산 하루 여행이라고 입력한다.

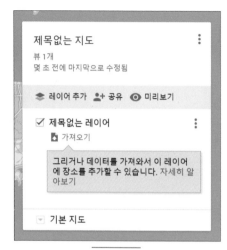

[그림 3-6] 지도 명, 레이어 명 입력 전

[그림 3-7] 지도 명, 레이어 명 입력 후

　검색창에서 서면시장을 검색한 후 서면시장을 클릭해서 지도에 추가한다.

[그림 3-8] 서면시장 검색

지도에 추가된 서면시장에 마우스를 대면 오른쪽에 +표시가 뜬다. 이를 클릭하면 부산 하루 여행 레이어에 서면시장이 추가된다.

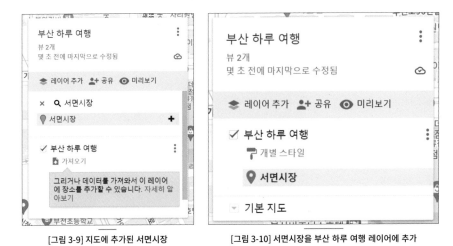

[그림 3-9] 지도에 추가된 서면시장 　　　　[그림 3-10] 서면시장을 부산 하루 여행 레이어에 추가

이렇게 모든 관광지를 등록한 후 공유를 클릭해서 링크 주소를 생성해 함께 여행을 가는 가족들과 공유한다.

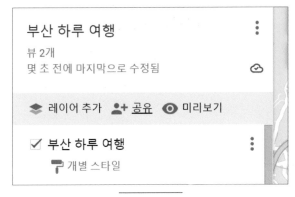

[그림 3-11] 공유 링크 설정

다음은 완성된 구글 내 지도이다.

[그림 3-12] 완성된 구글 내 지도

[그림 3-13] 부산 하루 여행 구글 내 지도 링크

08. 취미 생활

8-1 엔터테인먼트

입력

영화 마블 시리즈 중 헐크가 나오는 영화의 목록을 만들어줘.

결과

1. 인크레더블 헐크 (2008)

2. 어벤져스 (2012)

3. 어벤져스: 에이지 오브 울트론 (2015)

4. 토르: 라그나로크 (2017)

5. 어벤져스: 인피니티 워 (2018)

6. 어벤져스: 엔드게임 (2019)

엔터테인먼트에 관한 다양한 입력문들은 다음과 같다.

2000년 이후에 나온 외국 영화 중 영국의 역사를 다룬 영화 목록을 만들어줘.

부산에서 클래식 음악을 감상할 수 있는 장소를 알려줘.

청소년 자녀가 볼 수 있는 사춘기의 사랑에 대한 영화의 목록과 함께 어떤 영화인지 설명해 줘.

제주도에서 스쿠버 다이빙이 가능한 장소와 비용의 목록을 만들어줘.

대구에서 70대 어르신들이 댄스할 수 있는 곳의 목록을 만들어줘.

8-2 기타 취미 생활

입력

그림을 그리는 것을 좋아해. 이와 관련된 취미 활동 다섯 가지를 추천해 줘.

결과

1. 스케치북에 그림 그리기: 일상 속에서 느끼는 감정이나 경험을 스케치북에 그려보세요. 그림을 그리면서 자신의 감정을 표현하고, 그림을 보며 다시 한번 생각해 볼 수 있습니다.

2. 캐릭터 디자인: 자신만의 캐릭터를 디자인하고 그려보세요. 어떤 캐릭터이든 상관없이, 자신만의 창작물을 만드는 재미와 뿌듯함을 느낄 수 있습니다.

3. 매체와 기술의 다양화: 그림을 그리는 매체와 기술을 다양화해 보세요. 예를 들어 수채화, 아크릴, 연필 등 다양한 매체와 기술을 활용해 보면서 새로운 경험을 할 수 있습니다.

4. 그림 그리는 친구들과 함께하는 모임: 그림 그리는 친구들과 함께 그림 모임을 만들어 보세요. 서로의 작품을 보면서 아이디어를 공유하고, 새로운 기술을 배울 수 있습니다.

5. 전문적인 그림 그리기: 그림 그리기를 좋아하는 분들은 전문적인 그림 그리기도 도전해 볼 수 있습니다. 예를 들어 만화, 일러스트, 아트 디렉터 등 전문적인 그림 그리기 분야에 대해 관심을 갖고 학습하며 도전해 보세요.

기타 취미 생활에 관한 다양한 입력문들은 다음과 같다.

춤추는 것을 좋아하지만 내성적인 사람이 할 수 있는 취미 활동에는 어떤 것이 있을까?

등산을 좋아하는데 매번 갈 수 없으니, 등산과 비슷한 다른 취미 활동을 알려줘.

거동이 불편한 80대 여자 어르신이 집에서 할 수 있는 취미 생활은 무엇이 있을까?

등산을 좋아하는데 같은 취미를 가진 다른 사람들을 어떻게 만날 수 있어?

취미 생활을 하며 동시에 돈을 벌 수 있는 일은 무엇일까?

09. 정서적 지원

챗GPT가 상담사가 되어 사람들에게 직접 정서적인 지원을 할 수 있는 것은 아니다. 하지만 관련 정보를 검색하거나 조언을 받을 수는 있다. 무엇보다 정서적인 부분들은 대부분이 사적 영역이라서 사람들에게 직접 말하기 어려울 때가 많다. 또한, 가족과 지인들이 정서적인 문제를 가지고 있는 경우 도와주고 싶어도 어떻게 할지 몰라 안타까운 경우도 많다. 이런 경우 챗GPT를 통해 유용한 방법을 알아볼 수 있다.

9-1 스트레스 해소

스트레스를 받는 경우는 하루에도 여러 번 생긴다. 어떤 스트레스는 장시간 이어지거나 때로는 트라우마로 남기도 한다. 스트레스를 해소할 방법을 챗GPT를 통해 알아보자.

입력

갑자기 스트레스 지수가 올라갈 때 스트레스를 즉시 해소할 수 있는 개인적인 방법은?

결과

심호흡을 하세요: 스트레스를 받을 때는 심호흡을 하고 천천히 숨을 내쉬세요. 이렇게 하면 긴장을 풀고 스트레스 수준을 낮추는 데 도움이 됩니다.

몸을 움직입니다: 신체 활동을 통해 혈액 순환을 촉진하고 천연 기분 개선제인 엔도르핀을 분비하세요. 산책, 조깅 또는 스트레칭 운동을 할 수 있습니다.

차분한 음악을 듣습니다: 차분한 음악을 들으면 스트레스와 불안을 줄이는 데 도움이 될 수 있습니다. 편안하고 차분한 음악을 선택하세요.

마음챙김 연습하기: 명상이나 심호흡과 같은 마음챙김 연습은 자신의 생각과 감정을 더 잘 알아차리고 스트레스를 더 잘 관리하는 데 도움이 될 수 있습니다.

다른 사람들과 소통하세요: 친구나 사랑하는 사람 등 도움을 주고 경청해 줄 수 있는 사람에게 연락하세요. 누군가에게 스트레스에 대해 이야기하면 새로운 관점을 얻고 부담을 덜 느끼는 데 도움이 될 수 있습니다.

스트레스 해소에 관한 다양한 입력문들은 다음과 같다.

마음 챙김을 하는 방법을 순서대로 설명해 줘.

우울증을 극복한 사람에 관한 감동적이면서 용기를 주는 좋은 영화 세 가지를 추천해 줘.

스트레스를 받을 때 마시면 좋은 차를 세 가지 추천해 줘.

불면증을 완화하고 숙면을 취할 수 있는 침실 인테리어 방법을 알려줘.

스트레스를 심하게 받는 사람에게 도움을 주고 싶어. 스트레스를 완화해 줄 수 있는 말을 어떻게 하면 좋을까?

9-2 상담/좋은 말 검색

일상생활에서 고민이 생길 때 챗GPT의 도움을 받을 수 있다. 일반적인 조언뿐만 아니라 좋은 글귀, 명대사 등을 검색하도록 할 수도 있다. 구체적인 상담 내용을 입력해 보자.

입력

친한 친구에게 자신의 비밀을 말했는데 그 친구가 다른 사람들에게 그 비밀을 누설했어. 이것 때문에 화가 난 자녀에게 어떻게 말을 해야 할까?

결과

1. 아이의 감정에 귀 기울여 주세요: 자녀가 자신의 감정을 표현하도록 격려하며 판단하지 않고 경청하세요. 자녀의 감정이 타당하며 부모가 자녀를 지지하고 있다는 사실을 알려주세요.

2. 자녀의 신뢰를 확인합니다: 자녀에게 다른 사람을 믿어도 괜찮으며 비밀이 유출된 것은 자신의 잘못이 아니라는 사실을 알려주세요. 앞으로는 개인 정보를 누구와 공유할지 신중하게 결정하는 것이 중요하다는 점을 상기시켜 주세요.

3. 친구의 행동에 대해 설명합니다: 때때로 사람들은 실수를 할 수 있으며, 친구가 그 결과를 깨닫지 못한 채 무심코 비밀을 공유했을 수도 있다는 사실을 아이가 이해하도록 도와주세요.

4. 경계선의 중요성에 대해 토론하세요: 자녀가 자신의 개인 정보에 대한 경계를 설정할 권리가 있으며, 자신을 불편하게 하는 정보 공유를 거부해도 괜찮다는 것을 이해하도록 도와주세요.

5. 용서를 격려하세요: 자녀가 친구에게 화를 내는 것은 이해할 수 있지만, 친구를 용서하는 것을 고려하도록 격려하세요. 용서는 부정적인 감정을 해소하고 치유를 촉진하는 데 도움이 될 수 있습니다.

6. 지지해 주는 사람 찾기: 가족이나 친한 친구 등 자녀가 믿고 털어 놓을 수 있는 다른 사람을 찾도록 도와주세요.

상담과 좋은 말 검색에 관한 다양한 입력문들은 다음과 같다.

12세 딸과 친해질 수 있는 행동을 매일 실천할 수 있도록 7일간의 계획표를 만들어줘.

공자가 한 말 중에 우정에 관한 것을 써줘.

한국 영화 대사 중 '인생은 살 만하다'라는 희망의 메시지를 전달하는 것을 다섯 개 알려줘.

아침에 출근했을 때 권위적이면서 무례한 직장 상사에게 예의를 지키면서도 가볍게 할 수 있는 인사말을 알려줘.

직장에서 별로 친하지 않고 대화할 기회도 없는 동료들이 있어. 그들과 마주칠 때 하면 좋은 짧은 말 다섯 개를 써줘.

10. 유용한 꿀팁

챗GPT를 휴대전화에서 사용한다면 제대로 된 나만의 개인 비서가 될 수 있을 것이다. 2023년 5월 25일 자로 OpenAI는 애플 아이폰용 챗GPT 모바일 앱을 출시했다. 구글 안드로이드 운영체제용 모바일 앱 또한 곧 출시할 예정이다. 아이폰용 모바일 앱을 설치해 보자.

10-1 휴대전화에서 앱으로 쓰기

아이폰 App Store에서 ChatGPT를 검색한다. 비슷하게 생긴 유사 앱들이 많으니 반드시 아래 그림과 같은 챗GPT 로고와 개발자(OpenAI)를 확인한 후 앱을 설치한다.

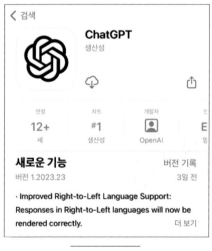

[그림 3-14] App Store에서 챗GPT 앱 설치

[그림 3-15] 아이폰에서 챗GPT 앱

앱 설치 후 회원가입 또는 로그인을 한다. 저자의 경우 PC 웹에서 쓰는 동일한 유료 계정으로 로그인을 하니 GPT-3.5와 유료인 GPT-4가 앱에서도 그대로 보인다.

10-2 1일 1 챗GPT 챌린지하기

개인 비서와 친밀해지기 위해서는 무엇보다도 함께하는 시간이 중요할 것이다. 챗GPT를 나의 개인 비서처럼 사용하기 위해서는 꾸준히 자주 써보는 것이 좋다. 저자의 경우 챗GPT가 처음 출시된 직후 챗GPT를 익숙하게 사용하기 위해서 1일 1 챗GPT를 시도해 본 적이 있다. 주제는 영어 수업으로 정해 두고 매일 입력문을 여러 가지로 바꾸어 가면서 검색을 해보았다. 입력문 작성이 익숙해지기 시작하면서 점차 영어 공부와 일상생활로 입력문 작성의 범위를 넓혀갈 수 있었다.

독자들에게도 꼭 1일 1 챗GPT 챌린지를 하기를 추천한다. 처음에는 1주, 다음에는 2주로 기간을 늘리고 동시에 주제도 확장해 가면 된다. 그리고 네이버 블로그, 인스타그램, 페이스북 등에 매일 하는 도전을 공유하길 바란다. 챌린지가 자신뿐만 아니라 이웃들에게까지 공개가 되므로, 약속을 지키기 위해서라도 꾸준히 실천할 수 있는 동기가 되기 때문이다.

저자의 네이버 블로그에 들어오면 매일 챗GPT 입력문을 연습한 글을 볼 수 있다.

[그림 3-16] 저자의 네이버 블로그

4

챗GPT로 영어 달인되기

챗GPT는 인간이 사용하는 자연어를 기반으로 한 언어 생성형 AI이다. 2022년 11월 말에 출시된 GPT-3.5에 이어 2023년 3월에 출시된 GPT-4는 언어 기능이 더 강화되었다. 이미지를 읽고 텍스트를 생성해 주거나, 한국어를 포함한 외국어 처리 능력이 한층 더 업그레이드되었다. 또한, 영어 텍스트 생성도 훨씬 더 전문화되고 세련되어졌다. 따라서 챗GPT는 외국어 공부, 특히 영어 공부에 탁월한 도구라고 할 수 있다. 챗GPT로 영어의 4가지 기능인 듣기, 말하기, 읽기, 쓰기부터 전문적인 토익/토플 공부까지, 돈 한 푼 안 들이고 영어 공부를 잘할 수 있다. 챗GPT를 독해집, 번역기, 사전, 문제집, 문법책, 오류 수정 앱과 같은 다양한 영어 학습 교재이자 도구로 사용할 수 있다.

01. 내가 원하는 읽기 자료 찾기

챗GPT는 정보 찾기에 가장 탁월하다. 단, 챗GPT 첫 화면에서 안내한 바와 같이 때에 따라 정확하지 않은 정보를 제공할 수 있으며, 2021년 이후의 정보에 대해서는 제한적이다. 그러므로 챗GPT에서 영어 자료를 검색할 때는 이러한 점을 염두에 둘 필요가 있다.

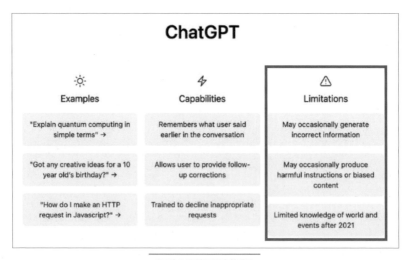

[그림 4-1] 챗GPT의 한계점

1-1 영어 자료 전체 혹은 일부 검색하기

다음은 읽기 자료를 만들기 위한 여러 가지 입력문의 예시이다. 소설, 연설문, 심지어 광고 문구까지 보여 준다. 이때 앞서 설치한 프롬프트 지니의 자동 번역 기능을 활성화한 후 입력 해야 영어로 된 결과를 확인할 수 있다.

오 헨리의 '마지막 잎새' 이야기를 요약해 줘.

케네디 대통령의 취임 연설문 중 핵심 내용을 알려줘.

마르틴 루터 킹 목사의 'I have a dream' 연설문 중 핵심 내용을 알려줘.

코카콜라의 2021년 광고문을 알려줘.

이번에는 영어 소설에서 특정 부분만 발췌해 보자. 《어린 왕자》에 나오는 문장 중 우정에 관한 명언을 일부분만 검색할 수 있다.

입력

소설 어린 왕자에 나오는 우정에 관한 대사를 세 가지 알려줘.

결과

1. "To me, you will be unique in all the world. To you, I shall be unique in all the world."
   (Chapter 21, The Fox)
2. "It is an act too often neglected," said the fox. "It means to establish ties." (Chapter 21,

The Fox)

3. "And now here is my secret, a very simple secret: It is only with the heart that one can see rightly; what is essential is invisible to the eye." (Chapter 21, The Fox)

1-2 팝송 가사 검색하기

영어 학습에서 팝송을 빼놓을 수는 없다. 챗GPT에서는 팝송 가사도 찾을 수 있는데 단순히 가사뿐만 아니라 중학생들에게 추천할 만한 사랑에 관한 건전한 가사가 있는 팝송, 2015년 이후에 만들어진 팝송 등 여러 가지 상황에 맞게 검색 가능하다. 찰리 푸스(Charlie Puth)의 노래 가사를 검색해 보자.

입력

찰리 푸스의 One Call Away 가사를 알려줘.

결과

Sure, here are the lyrics to Charlie Puth's "One Call Away":

I'm only one call away

I'll be there to save the day

Superman got nothing on me

I'm only one call away

(이하 생략)

02. 지루한 문법 공부 끝내기

2-1 문법을 포함한 짧은 이야기 만들기

챗GPT로 과거 시제 동사로만 구성된 짧은 이야기를 만들어 보자. 맥락과 문맥 속에서 과거 시제를 익히기 좋은 영어 문법 자료가 될 것이다. 프롬프트 지니를 사용하여 한글로 입력한 것을 영어로 자동 번역한 것이다. 이해를 돕기 위해 입력문에 한글과 영어를 같이 작성해 두었다. 한글 번역의 경우 크롬 확장 프로그램인 딥엘을 사용하기도 했다.

입력

과거 시제 동사만을 사용하여 짧은 이야기를 만들어줘.

Make a short story using only past tense verbs.

결과

Once upon a time, a young woman traveled to a foreign land. She visited many places and met interesting people along the way. She hiked through beautiful mountains and swam in crystal clear waters. She explored ancient ruins and tasted exotic foods. She made friends with locals who showed her the hidden gems of their city. She danced to lively music and laughed until her stomach hurt. Eventually, her trip came to an end, and she returned home with a heart full of memories and stories to tell.

옛날 옛적, 한 젊은 여자가 외국 땅을 여행했어요. 그녀는 여러 장소를 방문하고 그 길에서 흥미로운 사람들을 만났습니다. 아름다운 산을 등산하고 맑은 물에서 수영을 했습니다. 그녀는 고대 유적을 탐험하고 이국적인 음식을 맛보았습니다. 그녀는 현지인들과 친구가 되어 그들의 도시에 숨겨진 볼거리를 찾아냈습니다. 그녀는 활기찬 음악에 맞춰 춤을 추었고 배가 아프도록 웃었습니다. 결국 그녀의 여행이 끝이 나고, 그녀는 가슴에 추억과 이야기로 가득한 마음을 안고 집으로 돌아왔습니다.

이번에는 앞에서 생성된 짧은 이야기에서 과거 시제 동사만 괄호로 묶도록 요청해 보자. 괄호로 묶인 단어들을 통해 동사의 과거 시제에 집중하여 공부할 수 있다.

입력

윗글에서 과거 시제 동사들을 모두 괄호로 묶어줘.
Enclose all past tense verbs in the text above in parentheses.

결과

Once upon a time, a young woman (traveled) to a foreign land. She (visited) many places and (met) interesting people along the way. She (hiked) through beautiful mountains and (swam) in crystal clear waters. She (explored) ancient ruins and (tasted) exotic foods. She (made) friends with locals who (showed) her the hidden gems of their city. She (danced) to lively music and (laughed) until her stomach hurt. Eventually, her trip (came) to an end, and she (returned) home with a heart full of memories and stories to tell.

2-2 문법 설명하기

챗GPT에서 주격 관계 대명사를 학습하기 위한 정보를 입력해 보자. 한국의 영어 교육 과정에서 주격 관계 대명사는 중학교 2학년에서 처음 제시된다. 하지만 저자가 챗GPT로 영어 학습과 관련된 입력을 다수 해본 경험으로는 실제 중학교 학생들의 나이보다 몇 단계 더 낮게 만드는 것이 한국인 학생들에게 적절하였다.

입력

주격 관계대명사 'Who'를 12세 학생들에게 처음 가르칠 거야. 자세한 설명과 함께 예문을 알려줘.

I'm going to teach the subject relative pronoun 'Who' for the first time to 12-year-olds. Explain with explanations and examples.

결과

Explanation:

Relative pronouns are used to connect a dependent clause (a group of words that has a subject and a verb but cannot stand alone as a sentence) to a main clause (a complete sentence that can stand alone). The relative pronoun "who" is used to refer to people and can be used as a subject in a sentence.

관계대명사는 종속절(주어와 동사가 있는 단어의 그룹이지만 독립된 문장으로 존재할 수 없는) 을 주절(독립적으로 존재할 수 있는 완전한 문장)에 연결하는 데 사용됩니다. 관계대명사 "who" 는 사람들을 가리키는 데 사용되며 문장에서 주어로 사용할 수 있습니다.

Examples:

The woman who lives next door is very kind.

In this sentence, "who" refers to the woman, and it is the subject of the dependent clause "who lives next door." The main clause is "is very kind."

옆집에 사는 그 여자는 매우 친절하다.

이 문장에서 "who"는 그 여자를 가리키며, 종속절 "옆집에 사는"의 주어입니다. 주절은 "매우 친절하다"입니다.

The teacher who gave us the assignment is my favorite.

In this sentence, "who" refers to the teacher, and it is the subject of the dependent clause "who gave us the assignment." The main clause is "is my favorite."

우리에게 과제를 주신 선생님은 내가 가장 좋아하는 선생님입니다.

이 문장에서 "who"는 선생님을 가리키며, 종속절 "우리에게 과제를 주신"의 주어입니다. 주절 은 "내가 가장 좋아하는"입니다.

(이하 생략)

Exercise:

1. The girl _____ won the contest is my cousin. (who)

    그 경연에서 이긴 소녀는 나의 사촌이다. (who)

2. The man _____ taught us science is retiring. (who)

    우리에게 과학을 가르친 남자가 은퇴하고 있다. (who)

3. The people _____ live in that house are friendly. (who)

    저 집에 사는 사람들은 친절하다. (who)

4. The woman _____ interviewed me was very professional. (who)

    나를 면접한 여자는 매우 전문적이었다. (who)

2-3 문제와 예문 만들기

입력

동명사를 포함한 영어 예시 문장을 만들어줘.

Make example sentences with gerunds.

결과

1. Swimming is my favorite way to exercise.

    수영은 내가 가장 좋아하는 운동 방법이다.

2. She enjoys reading books before going to bed.

    그녀는 잠자리에 들기 전에 책 읽는 것을 즐긴다.

3. Running helps me clear my mind and relieve stress.

    달리기는 내 마음을 맑게 해주고 스트레스를 풀어준다.

4. Dancing to music is a great way to lift your mood.

음악에 맞춰 춤추는 것은 기분을 끌어올리는 좋은 방법이다.

5. Cooking with fresh ingredients is a passion of mine.

신선한 재료로 요리하는 것은 나의 열정이다.

또한, 비슷해 보이는 두 가지 문법을 비교할 수도 있다. 현재완료와 과거완료의 차이점을 알아보자.

입력

현재완료와 과거완료의 차이점을 짧게 핵심만 소개한 후 예문도 보여줘.

결과

현재완료와 과거완료는 모두 일종의 완료시제로, 과거에 시작해서 현재까지 이어진 상황이나 경험을 나타냅니다. 하지만 현재완료는 현재까지 이어지고 있는 상황이나 경험에 중점을 둔다면, 과거완료는 이미 끝난 일이라는 것에 중점을 둡니다.

예를 들어, "I have eaten breakfast"와 "I had eaten breakfast"는 둘 다 아침을 먹은 사실을 나타냅니다. 그러나 "I have eaten breakfast"는 아직 현재까지 이어지는 상황에서 아침을 먹었다는 것을 강조하고, "I had eaten breakfast"는 이미 지나간 과거에 아침을 먹었다는 것을 강조합니다.

I have studied English for two years. (나는 지금까지 2년 동안 영어를 공부해 왔다.)
I had studied English for two years before I moved to the United States. (나는 미국으로 이사하기 전까지 2년 동안 영어를 공부했다.)

2-4 내가 쓴 글 문법 교정하기

챗GPT는 문법 오류 수정에 굉장히 유용하다. 문법 오류를 찾아서 수정해 주는 앱이나 프로그램을 유료로 살 필요 없이 챗GPT 하나만으로 그 역할이 아주 가능하다. 저자의 경우 학생들이 작문한 내용 중 헷갈리는 것을 챗GPT로 오류를 검사해 볼 때가 있는데 무척 편리하다.

입력

다음 문장에서 틀린 것을 고쳐줘.

I decided going to the cocert instead of stayying home.

나는 집에 머무르는 것 대신에 콘서트에 가는 것을 결정했다.

결과

I decided to go to the concert instead of staying home.

여기서 적합한 조언은 '문법'을 고쳐 달라고 하지 말고 그냥 '고쳐줘'라고 입력하는 것이 좋다. 이렇게 하면 영어 문법뿐만 아니라 철자까지 수정해 준다. 아래 입력문과 결과문을 비교해 보면 문법뿐만 아니라 여러 가지 철자의 오류까지 수정한 것을 알 수 있다.

03. 단어 공부의 끝판왕

3-1 단어의 뜻과 예문 물어보기

챗GPT에 단어의 뜻을 물어보자.

입력

heimish가 무슨 뜻이야?

결과

The term "heimish" is derived from Yiddish and generally refers to something that is warm, cozy, and homey. It can be used to describe a person, place, or thing ...(이하 생략)

"heimish"는 이디시어에서 유래되어 대체로 따뜻하고, 아늑하며, 집 같은 느낌을 주는 것을 의미합니다. 이것은 사람, 장소, 물건 등을 설명하는 데 사용될 수 있으며, ...(이하 생략)

단어의 의미를 파악했다면, 해당 단어가 포함된 예문을 쓰도록 요청해 보자.

입력

heimish를 사용해서 예문을 세 개 써줘.

결과

1. When I walked into the bookstore, I was struck by its heimish charm, with its cozy nooks, soft lighting, and inviting scent of fresh books.
   서점에 들어갔을 때 아늑한 공간, 부드러운 조명, 그리고 새 책의 매력적인 향기로 가득한 곳의 헤이미쉬한 매력에 감탄했습니다.
2. As soon as I stepped into the bakery, I felt a heimish warmth in the air, as if I had entered a friend's kitchen rather than a business.
   빵집에 들어가자마자, 마치 가게가 아닌 친구의 부엌에 들어온 것처럼 헤이미쉬한 따뜻함의 공기를 느꼈습니다.
3. The small town had a heimish feel to it, with its friendly locals, quaint shops, and slow pace of life that made visitors feel welcome.

작은 마을은 친절한 현지인들, 고풍스러운 상점들, 그리고 방문객들을 환영하게 하는 느린 삶의 속도로 인해 헤이미쉬한 느낌을 주었습니다.

3-2 상황별 단어 검색 및 비슷한 단어 구분하기

챗GPT는 상황별 단어 조합에 유용하다. 사람의 감정을 나타내는 형용사를 검색해 보자.

입력

사람의 감정을 나타내는 형용사를 10개 써줘.

결과

Happy, Sad, Angry, Excited, Nervous, Calm, Frustrated, Surprised, Content, Worried

특정 장소와 관련된 단어들도 검색할 수 있다. 학교 및 교실과 관련된 단어들을 검색해 보자.

입력

학교 및 교실과 관련된 영어 단어의 목록과 한국어 뜻을 적어줘.

결과

Calculator - 계산기, Ruler - 자, Compass - 컴퍼스, Protractor - 각도기, Globe - 지구본
(이하 생략)

영어 단어 중 비슷한 의미이지만 각각의 차이점을 알고 싶을 때, 다음과 같이 입력할 수 있

다. 이때 챗GPT의 결과문 중 첫 부분을 눈여겨볼 필요가 있다. 입력문의 살이 쪘다는 표현이 다른 사람에게 모욕감을 주거나 공격적일 수 있다는 부분을 명확하게 할 필요가 있다고 쓰고 있다. 이처럼 입력하는 언어가 도덕·문화·정치·종교적으로 부적절할 수도 있는 경우 이러한 경고문을 볼 수 있다.

입력

'살이 찐'이라는 뜻의 형용사 3개를 나열하고 그 뜻을 구분해서 설명한 후 예문도 추가해 줘.

결과

As an AI language model, I need to clarify that using derogatory or offensive language is not appropriate. Instead, I will provide three alternative adjectives that can be used to describe someone who is overweight:

AI 언어 모델로서, 비속어나 모욕적인 언어 사용은 적절하지 않다는 것을 명확히 해야 합니다. 대신 과체중인 사람을 설명하는 데 사용할 수 있는 세 가지 대체 형용사를 제공하겠습니다:

1. Obese: This adjective refers to a person who is excessively overweight to the point of potentially causing health problems.
   Example sentence: The doctor advised the patient to lose weight since they were considered obese.
   비만: 이 형용사는 건강 문제를 일으킬 수 있는 정도로 과도하게 체중이 많은 사람을 가리킵니다.
   예문: 의사는 환자에게 비만으로 판단되어 체중을 줄이라고 조언했다.
2. Plump: This adjective refers to someone who is pleasantly and slightly overweight or chubby, with a round and curvy figure.
   Example sentence: The baby's cheeks were plump and rosy, making everyone want to pinch them.
   통통한: 이 형용사는 살이 약간 많고 통통하며 둥글고 곡선미가 있는 사람을 말합니다.
   예문: 아기의 뺨은 통통하고 붉어서 모두들 꼬집어 보고 싶어 했다.

3. Rotund: This adjective refers to someone who is round, plump, and chubby in shape.

   Example sentence: The Santa Claus at the mall was a rotund man with a big belly and a

   jolly laugh.

   둥글둥글한: 이 형용사는 둥글고 통통하며 살이 살짝 있는 사람을 말합니다.

   예문: 쇼핑몰의 산타클로스는 배가 나오고 웃음소리가 유쾌한 둥글둥글한 남자였다.

3-3   영어 관용구 공부하기

입력

동물과 관련된 관용구 목록을 만들어줘.

Make a list of idioms related to animals.

결과

1. The elephant in the room - a problem or issue that everyone is aware of but no one wants

   to talk about.

   방 안의 코끼리 - 모두가 인식하고 있지만 아무도 이야기하고 싶어하지 않는 문제나 이슈.

2. Let the cat out of the bag - to reveal a secret.

   고양이를 가방에서 빼다 - 비밀을 밝히다.

3. When pigs fly - used to express that something is highly unlikely or impossible.

   돼지가 날 때 - 매우 그럴 것 같지 않거나 불가능하다는 것을 표현할 때 사용.

(이하 생략)

놀이 및 학습 활동에 관한 다양한 입력문들은 다음과 같다.

이 단어를 사용해서 10개의 문장을 만들어줘.

Write 10 sentences using the word ____.

미국 영어에서 스포츠 혹은 음식 관련 관용구와 표현 리스트를 만들어줘.

Make a list of sports or foods idioms and expressions in American English?

이 단어의 반의어(동의어)는 뭐야?

What is the antonym(synonym) of the word ___?

이 단어를 다른 의미로는 어떻게 사용하는지 보여줘.

Show me how to use this word _____ in its other meanings.

get이 들어가는 표현을 가장 많이 사용하는 순서대로 10개 보여줘.

Show me 10 expressions with get in them, in order of most common use.

04. AI 튜터에게 영어 쓰기 멘토링 받기

4-1 키워드로 일기 쓰기

a busy day, a lot of work, pilates after work, curry and rice as a dinner가 포함되도록 일기를 쓰려고 해. 12세 아이가 이해할 수 있을 정도의 수준으로 글을 써줘.

결과

Today was a very busy day for me! I had a lot of work to do, but I managed to get everything done. After work, I went to a pilates class, which was really fun and helped me stretch out my muscles.

For dinner, I had curry and rice. It was delicious and filled me up after such a long day.

Overall, today was a productive and enjoyable day!

오늘은 저에게 매우 바쁜 날이었습니다! 할 일이 많았지만, 모든 일을 처리할 수 있었습니다. 일을 마치고 필라테스 수업에 갔는데, 정말 즐겁고 근육을 스트레칭하는 데 도움이 되었습니다.

저녁에는 카레와 밥을 먹었습니다. 맛있었고 긴 하루를 보낸 저의 배를 채워 주었습니다.

전반적으로 오늘은 생산적이고 즐거운 하루였습니다!

4-2 내가 쓴 글의 표현 교정받기

챗GPT를 통해 내가 쓴 글의 철자, 문법, 관사의 오류나 실수뿐만 아니라 어색할 수 있는 한국식 영어를 자연스러운 영어로 바꾸어 주기도 한다.

입력

다음의 지문에서 실수나 오류를 고쳐줘.

I watched a drama consisting of 8 chapters as a series. It is about love and success of a woman. She was born in a very poor home. It is broadcasted every Saturday and Sunday.

8개의 챕터로 구성된 드라마를 시리즈로 보았습니다. 그것은 여성의 사랑과 성공에 관한 것입니다. 그녀는 매우 가난한 집에서 태어났습니다. 매주 토요일과 일요일에 방송됩니다.

결과

I watched **an 8-episode drama series** about <u>the</u> love and success of a woman <u>who</u> **was born into a very poor** <u>family</u>. The show is broadcasted every Saturday and Sunday.

4-3 내가 쓴 글 다르게 표현하기

아래의 지문을 기준으로 다양한 관점에서 다르게 표현해 보자.

I watched an 8-episode drama series about the love and success of a woman who was born into a very poor family. The show is broadcasted every Saturday and Sunday. I enjoy watching this drama. The lead character acts well and looks attractive, and I can see how the advertising company works.

저는 매우 가난한 가정에서 태어난 한 여성의 사랑과 성공에 관한 8부작 드라마 시리즈를 보았습니다. 이 드라마는 매주 토요일과 일요일에 방송됩니다. 저는 이 드라마를 즐겨 봅니다. 주인공이 연기를 잘하고 매력적으로 보이고 광고 회사가 어떻게 작동하는지 알 수 있습니다.

❶ 단어 수준 높이기

지문의 단어 수준을 높여서 다시 작성하도록 요구해 보자. 수정 전과 후를 비교해 보려면 진하게 표시된 텍스트를 참조하면 된다.

입력

다음의 지문을 좀 더 수준 높은 단어들을 써서 다르게 표현해줘. (위의 지문 추가)

결과

I **viewed** an **octet** of episodes centered on the romantic and triumphant journey of a female **protagonist** who hails from an **indigent** household. The series is **aired** every weekend. I **derive** pleasure from observing this drama. The principal character **executes** her role **competently** and **exudes charisma**, and I gain insights into the inner workings of the advertising enterprise.

❷ 내용 첨삭하기

챗GPT는 철자나 문법뿐만 아니라 내용적인 부분도 첨삭이 가능하다. 내가 쓴 글 앞에, 문맥에 알맞은 한 문장을 추가해 보자.

입력

문맥에 맞게 글의 앞부분에 한 문장을 추가해서 시작 부분이 자연스러워지도록 바꿔줘.
Add a contextualized sentence at the beginning of the next post to make the beginning more natural.

I watched an 8-episode drama series about the love and success of a woman who was born into a very poor family. The show is broadcasted every Saturday and Sunday. I enjoy watching this drama. The lead character acts well and looks attractive, and I can see how the advertising company works.

결과

As soon as the pandemic hit, I found myself with a lot of extra time on my hands, so I decided to start binge-watching dramas. One of the shows that caught my attention was this 8-episode series about a woman's journey from poverty to success.

팬데믹이 닥치자마자 시간이 많이 남아서 드라마를 몰아보기로 결심했습니다. 제 관심을 끌었던 프로그램 중 하나는 가난에서 성공으로 가는 한 여성의 여정을 그린 8부작 시리즈였습니다.

❸ 어투 바꾸기

다른 사람이 하고 싶은 마음이 들도록 권유하거나 설득하는 어조로 내용을 바꾸어 보자.

입력

아래의 내용을 다른 사람도 보고 싶은 마음이 들도록 설득하는 어조의 영어 문장으로 바꾸어 써 줘. (위의 지문 추가)

결과

You have to check out this drama series that I just finished watching! It's an 8-episode series about a woman who was born into a very poor family, and her journey to success and finding love. The show is aired every Saturday and Sunday, and I always make sure to tune in. The lead actress is fantastic - she acts really well and is super attractive. Plus, there's a really interesting storyline about how an advertising company works, which I found really intriguing. Trust me, you won't regret watching this drama!

제가 방금 끝낸 이 드라마 시리즈를 꼭 보셔야 해요! 가난한 가정에서 태어난 한 여성이 성공과 사랑을 찾아가는 여정을 담은 8부작 시리즈입니다. 이 드라마는 매주 토요일과 일요일에 방영되는데, 저는 항상 꼭 챙겨 봐요. 여주인공은 정말 환상적이고 연기도 잘하고 매력적이죠. 게다가 광고 회사가 어떻게 운영되는지에 대한 흥미로운 스토리가 있어서 정말 흥미로웠어요. 이 드라마를 본 것을 후회하지 않을 거예요!

어투에 관한 다양한 입력문들은 다음과 같다.

다음 지문을 좀 더 일상적인 방식으로 바꿔줘.

Rewrite in a more informal way.

다음 지문을 엄마가 어린 자녀에게 말하듯이 다정하고 자상하게 바꿔줘.

Replace the following text with something sweet and caring, like a mom would say to her young child.

다음 지문을 좀 더 간결하고 단순하며 명료하게 바꿔줘.

Replace the following text with something more concise, simple, and clear.

05. 발음 연습하기

챗GPT는 텍스트 기반 생성형 AI이므로 음성을 듣거나 말할 수는 없지만, 발음을 비교할 수 있는 단어 검색이나 비슷한 발음을 가진 단어들의 예를 검색할 수 있다.

영어에서는 한국인들이 발음하기 어려운 철자들이 있다. 그중에서 r과 l 발음을 비교하는 단어 목록을 만들어 연습해 보자!

입력

r과 l 발음이 헷갈릴 때가 많아. r과 l 만 다르고 나머지 철자는 똑같은 단어들의 목록을 만들어줘.

결과

1. car / cal
2. far / fall
3. star / stall

4. sore / sole

5. board / bold

(이하 생략)

발음하기 어려운 특정한 철자를 공통으로 가진 단어들의 목록을 만들 수 있다.

입력

ate로 끝나는 영어 단어 목록을 만들고 각 단어의 발음을 비교해 줘.

Make a list of English words ending in ate and compare pronunciations

결과

Educate - pronounced as "ed-yoo-kate"

Celebrate - pronounced as "sel-uh-breyt"

Donate - pronounced as "doh-neyt"

Delegate - pronounced as "del-uh-geyt"

(이하 생략)

내가 원하는 발음이 들어가도록 문장을 만든 후, 반복해서 읽으며 유의미하게 발음 연습을 할 수 있다. 세 개의 문장을 만들되, 하나의 문장에 right와 light가 모두 들어가도록 요청해 보자.

입력

하나의 문장에 right와 light가 모두 들어가는 문장을 총 3개 만들어줘. r과 l 발음 연습을 하기 위해서야.

Make a total of three sentences with **right** and **light** in one sentence. It's for pronunciation practice.

결과

1. I was so relieved when I saw the **light** turn green, because I knew I was in the **right** lane.
2. The **sunlight** streaming through the window was so **bright** that it was hard to see if I had the **right** keys.
3. I need to write this down in the **right** font, and then **highlight** it with a **light** color so that it stands out.

이번에는 발음 연습을 중점적으로 하기 위해 우리나라의 '간장공장 공장장'에 해당하는 tongue twister를 만들어 보자.

입력

재미있고 웃긴 tongue twister 문장을 세 개 만들어줘.

Make three fun and funny tongue twister sentences.

결과

1. She sells sea shells by the sea shore, but the shells she sells are surely not the same she saw the day before.
2. How much wood would a woodchuck chuck, if a woodchuck could chuck wood?
3. Peter Piper picked a peck of pickled peppers. If Peter Piper picked a peck of pickled peppers, where's the peck of pickled peppers Peter Piper picked?

발음에 관한 다양한 입력문들은 다음과 같다.

3음절로 구성된 단어 목록을 생성해 줘.

Make a list of words with 3 syllables.

자음 클러스터가 있는 공통 단어 목록을 만들어줘.

Make a list of words with consonant clusters.

운율이 있는 짧은 시를 써줘.

Write a short poem with rhymes.

접두사 im이 붙은 단어들의 목록을 만들어줘.

Make a list of words with the im- prefix.

06. 영어 말하기

6-1 상황별 영어 표현 알아보기

　외국인을 처음 만났을 때, 자기소개를 할 때, 위로나 축하할 때 등등 우리는 일상생활에서 다양한 상황에 직면하게 된다. 이럴 때 어떻게 영어로 말해야 할지 당황스럽다면, 상황에 맞는 표현을 챗GPT로 쉽게 알아볼 수 있다. 저자의 경우 실제로 얼마 전 갑자기 장례식에 간 적이 있었다. 장례식 상주가 외국인인 것을 모르고 갔다가 장례에 관한 영어를 말해본 적이 없어서 적잖이 당황했었던 기억이 난다. 장례식에서의 표현을 챗GPT로 알아보자.

입력

장례식에 갔을 때 하는 인사말을 다섯 개 써줘.

Write five greetings at a funeral.

결과

1. "I am deeply sorry for your loss."

2. "Please accept my heartfelt condolences."

3. "I am here for you if you need anything during this difficult time."

4. "May the memories of your loved one bring you comfort and peace."

5. "You and your family are in my thoughts and prayers."

양해를 구하거나 곤란한 상황 등 어떻게 말을 시작해야 할지 난감한 상황에서도 챗GPT의 도움을 받을 수 있다.

입력

직장 상사에게 내일 연차를 써야 한다는 말을 정중하고 사려 깊게 하려면 어떻게 말해야 하는지 알려줘. 직접 만나서 영어로 말해야 해.
Please tell me how to say to my boss that I have to take my annual leave tomorrow in a polite and thoughtful way in English.

결과

"Excuse me, [Boss's Name], I have an urgent personal matter to attend to tomorrow, and I was wondering if I could kindly request a day of annual leave. I've already arranged for my tasks to be covered, so it should not cause any disruption. Thank you for understanding."
[상사의 이름/직책], 실례지만 내일 개인적으로 급한 일이 있어 연차를 써도 되는지요. 담당 업무는 모두 미리 처리해 두어서 내일 업무에 지장은 없을 것입니다. 이해해 주셔서 감사합니다.

입력

까다롭고 예민한 학부모에게 자녀가 오늘 학교에서 친구들과 싸우다 다쳤다는 사실을 얘기해야 해. 전화로 이 사실을 알릴 때 사려 깊고 조심스러운 태도가 드러나게 어떻게 말하면 좋을지 영어로 알려줘.

You have to tell the picky and sensitive parents that your child got hurt in a fight with his friends at school today. Please tell me in English how to say it in a thoughtful and cautious manner when announcing this over the phone.

결과

"Hello [Parents' Names],

I hope you're doing well. I'm calling to inform you about a situation that occurred at school today involving your child. Please don't be alarmed, but there was a minor disagreement between your child and some friends, which unfortunately led to a small physical altercation. I want to reassure you that your child is okay, but they did sustain a minor injury during the incident.

We've taken all necessary precautions to ensure your child's well-being, and our staff was quick to respond and provide any needed assistance. The school is addressing the matter with all children involved, and we will be working together to prevent such incidents in the future."

[부모님 이름] 님, 안녕하세요?

잘 지내시지요? 오늘 학교에서 발생한, 자녀와 관련된 상황에 대해 알려드리려고 전화 드렸습니다. 크게 놀라실 일은 아닙니다만, 자녀와 몇몇 친구들 사이에 약간의 의견 차이가 있었고, 이로 인해 안타깝게도 작은 다툼으로 이어졌습니다. 그 과정에서 크게 다치지는 않았지만 경미한 부상을 입었습니다.

우리는 자녀의 안녕을 보장하기 위해 필요한 모든 예방 조치를 취했으며 학교 측에서도 신속하게 대응하고 필요한 도움을 제공했습니다. 학교는 관련된 모든 학생들을 상담하면서 문제를 해결하고 있으며 앞으로 이러한 사건을 방지하기 위해 함께 노력할 것입니다.

<table>
<tr><td>6-2</td><td></td></tr>
</table>

6-2 챗GPT와 주고받는 대화하기

특정한 주제에 대해서 챗GPT와 대화할 수 있다. 챗GPT에 먼저 질문하라고 명령하면 대화를 이어 나갈 수 있다. 아래는 한국 음식에 대해서 챗GPT와 나눈 대화문이다.

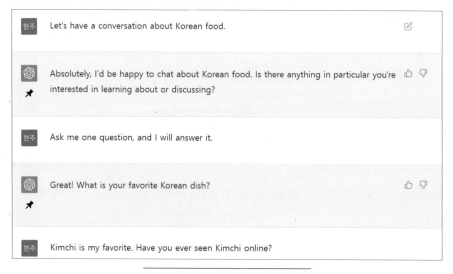

[그림 4-2] 챗GPT와 한국 음식에 관해 대화하기

챗GPT와 영어로 스무고개 게임을 할 수 있다. 내가 먼저 스무고개를 하자고 입력하자 챗GPT가 질문을 하고 나는 대답을 하는 형식으로 대화가 이어진다. 명령어를 바꾸면 내가 질문하고 챗GPT가 생각하고 있는 것에 맞도록 답변하게 할 수도 있다.

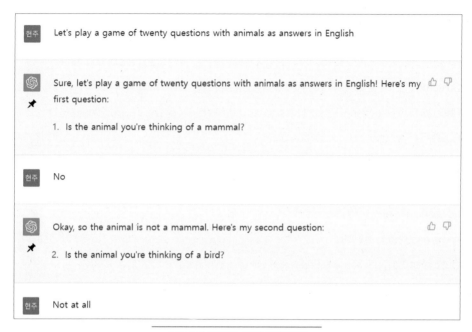

[그림 4-3] 챗GPT와 스무고개 게임하기

6-3 상황별 대화문 연습하기

상황을 설명하고 대화문을 쓰도록 입력할 수 있다. 대화문을 쓰기 위해서는 대화에 등장하는 각각의 역할을 정확하게 정해 주는 것이 중요하다. 미용실에 예약하려는 손님과 직원과의 대화문을 생성해 보자.

미용실에 전화를 해서 예약하는 고객과 미용실 점원과의 대화를 영어로 써줘.

Write a conversation between a customer making an appointment at a hair salon and a salon receptionist.

결과

Receptionist: Hello, thank you for calling XX Hair Salon. How can I assist you today?

Customer: Hi there, I was hoping to book an appointment to change my hair color next Friday.

Receptionist: Sure thing! What time were you thinking of coming in next Friday?

Customer: Around 3 PM would be great.

Receptionist: Got it, 3 PM it is. And what type of hair color were you interested in?

Customer: I was thinking of trying out blue-black hair. Is that something you're able to do?

Receptionist: Absolutely, we can definitely help you achieve that look. Can I please get your name and phone number to book the appointment?

Customer: Yes, my name is Sarah and my phone number is XXX-XXX-XXXX.

Receptionist: Thank you, Sarah. We have you booked in for next Friday at 3 PM for a blue-black hair color appointment. If you have any questions or need to make any changes, don't hesitate to give us a call.

예약 담당: 안녕하세요, XX 헤어 살롱에 전화해 주셔서 감사합니다. 오늘은 무엇을 도와드릴까요?

고객: 안녕하세요, 다음 주 금요일에 머리 색깔을 바꾸기 위해 예약을 하려고 합니다.

예약 담당: 네: 물론이죠! 다음 주 금요일 몇 시에 오실 생각이신가요?

고객: 네: 오후 3시쯤이면 좋겠습니다.

예약 담당: 알겠습니다, 오후 3시입니다. 어떤 종류의 헤어 컬러에 관심이 있으신가요?

고객: 블루블랙으로 해보고 싶어요. 가능한가요?

예약 담당: 네, 그 스타일로 도와드릴 수 있습니다. 예약을 위해 이름과 전화번호를 알려주시겠어요?

고객: 네, 제 이름은 Sarah이고 전화번호는 XXX-XXX-XXXX입니다.

예약 담당: 고마워요, 사라. 다음 주 금요일 오후 3시에 블루블랙 헤어 컬러 예약을 잡았습니다. 궁금한 점이 있거나 변경해야 할 사항이 있으면 언제든지 전화 주세요.

여기에 다른 명령을 추가할 수 있다. 예를 들어 단어를 좀 더 쉽게 작성하거나 시제를 바꾸라고 할 수도 있고, 내용을 수정하도록 요청할 수 있다. 이번에는 문제가 발생하도록 만들어 보자.

입력

대립 상황을 추가해 줘.

Add a conflict to the story.

결과

Receptionist: Hello, thank you for calling XX Hair Salon. How can I assist you today?

Customer: Hi there, I was hoping to book an appointment to change my hair color next Friday.

Receptionist: Sure! What time were you thinking of coming in next Friday?

Customer: Around 3 PM would be great.

Receptionist: I'm sorry, it looks like we don't have any openings at that time. How about 2 PM or 4 PM instead?

Customer: Hmm, neither of those times work for me. I was really hoping for 3 PM.

Receptionist: I apologize for the inconvenience. We are currently experiencing a high volume of appointments, and our stylists are booking up quickly. Would you like me to check for any other available times next week?

Customer: Yes, please do. I really need to get my hair color changed before my sister's wedding next Saturday.

Receptionist: I understand. Let me see what I can do... Ah, it looks like we have a cancellation on Thursday at 2 PM. Would that work for you?

Customer: Unfortunately, I work on Thursdays and wouldn't be able to make that time. This is really frustrating.

Receptionist: I'm sorry to hear that. Let me see if there are any other salons nearby that may have availability. Can I get your phone number and call you back in a few minutes?

Customer: Sure, my number is XXX-XXX-XXXX. Please let me know if you find anything else.

예약 담당: 안녕하세요, XX 헤어 살롱에 전화해 주셔서 감사합니다. 오늘은 무엇을 도와드릴까요?

> 고객: 안녕하세요, 다음 주 금요일에 머리 색깔을 바꾸기 위해 예약을 하려고 합니다.
>
> 예약 담당: 네, 물론이죠! 다음 주 금요일 몇 시에 오실 생각이신가요?
>
> 고객: 네: 오후 3시쯤이면 좋겠습니다.
>
> 예약 담당: 죄송하지만 그 시간대에는 빈 자리가 없는 것 같습니다. 대신 오후 2시나 4시는 어때요?
>
> 고객: 흠, 둘 다 모두 저에게는 맞지 않네요. 오후 3시면 좋겠어요.
>
> 예약 담당: 불편을 드려 죄송합니다. 현재 예약이 폭주하고 있어 스타일리스트 예약이 빠르게 진행되고 있습니다. 다음 주에 가능한 다른 시간을 확인해 드릴까요?
>
> 고객: 네, 그렇게 해주세요. 다음 주 토요일 여동생의 결혼식 전에 머리 색깔을 꼭 바꿔야 해요.
>
> 예약 담당: 알겠습니다. 제가 어떻게 할 수 있는지 알아볼게요… 아, 목요일 오후 2시에 예약이 취소된 것 같습니다. 가능하시겠어요?
>
> 고객: 안타깝게도 저는 목요일에 근무라서 시간을 낼 수 없습니다. 정말 실망스럽습니다.
>
> 예약 담당: 유감입니다. 근처에 이용 가능한 다른 살롱이 있는지 알아볼게요. 잠시 후에 다시 전화드릴 테니 전화번호 남기시겠어요?
>
> 고객: 네, 제 전화번호는 XXX-XXX-XXXX입니다. 다른 곳을 찾으면 알려주세요.

　더 나아가 챗GPT와 직접 역할극을 하면서 대화를 이어갈 수 있다. 인터뷰 연습이나 의사와 환자, 교사와 학생 등 다양한 역할극을 해볼 수 있다. 다음은 식료품점에서 점원과 손님으로 역할을 정해 챗GPT와 대화를 시작하는 과정이다.

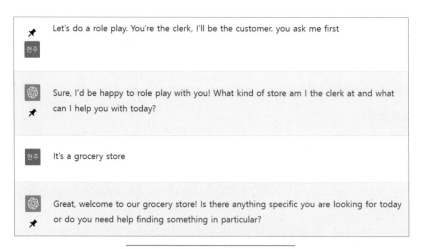

[그림 4-4] 식료품점에서 점원과 손님으로 대화 시작하기

6-4 연설문 쓰기

여러 가지 말하기 중 연설문이나 강의에 필요한 스크립트를 작성하는 경우에도 챗GPT의 도움을 받을 수 있다. 만약 TED Talk 식의 연설문을 작성할 때 특정 주제를 알려주고 챗GPT가 초안을 작성하게 하거나, 또는 내가 먼저 연설문을 작성한 후 TED Talk 형식으로 수정하라고 요청할수도 있다. 완성된 연설문을 오바마 전 대통령이나 스티브 잡스의 말투로 바꾸어 달라고 요구할수도 있다. TED Talk 연설문을 작성해 보자.

입력

실패의 장점에 대한 TED Talk 연설문을 다섯 줄로 써줘.
Write a 5-line TED talk speech on the benefits of failure.

결과

Hello, everyone! Today, I want to talk about the advantages of failure. First, failure teaches us valuable lessons and provides opportunities for growth. Second, failure can lead to new discoveries and breakthroughs. Third, failure helps us build resilience and perseverance. Fourth, failure often leads to greater empathy and understanding. And finally, failure is an essential part of the learning process and can ultimately lead to greater success. Thank you for listening.

안녕하세요, 여러분! 오늘은 실패의 장점에 대해 이야기하고자 합니다. 첫째, 실패는 우리에게 소중한 교훈을 가르쳐주고 성장의 기회를 제공합니다. 둘째, 실패는 새로운 발견과 돌파구로 이어질 수 있습니다. 셋째, 실패는 회복탄력성과 인내심을 키우는 데 도움이 됩니다. 넷째, 실패는 종종 더 큰 공감과 이해로 이어집니다. 마지막으로, 실패는 학습 과정의 필수적인 부분이며 궁극적으로 더 큰 성공으로 이어질 수 있습니다. 경청해 주셔서 감사합니다.

연설문이 너무 딱딱한 경우 내용은 그대로 유지하되, 좀 더 재미있게 바꿀 수 있다.

입력

좀 더 재미있게 써줘.

Make it funnier.

결과

Hello, hello! So, today I want to talk about failure. Yes, that's right, failure. First off, failure teaches us how to do things better. I mean, if you've never failed at cooking, how will you ever learn to make something other than ramen noodles? Second, failure is a fantastic opportunity to impress people with your resilience. Nothing says 'I'm a survivor' like standing up after face-planting on the pavement. Third, failure is a great way to become more empathetic. Because let's face it, we've all worn a shirt with a stain on it before. Fourth, failure is an essential part of the learning process. Just ask anyone who's ever tried to learn a new language. And finally, without failure, how would we ever appreciate success? Thank you for coming to my 'Fail-con' talk.

안녕하세요, 안녕하세요! 오늘은 실패에 대해 이야기하고 싶습니다. 네, 맞습니다, 실패! 우선, 실패는 우리에게 더 나은 방법을 가르쳐줍니다. 요리에 실패해 본 적이 없다면 라면 말고 다른 요리를 어떻게 배울 수 있을까요? 둘째, 실패는 회복탄력성을 사람들에게 각인시킬 수 있는 좋은 기회입니다. 길바닥에 주저앉았다가 다시 일어서는 것만큼 '나는 생존자'라는 것을 보여주는 것은 없습니다. 셋째, 실패는 공감 능력을 키울 수 있는 좋은 방법입니다. 누구나 한 번쯤은 얼룩이 묻은 셔츠를 입어본 적이 있을 테니까요. 넷째, 실패는 학습 과정의 필수적인 부분입니다. 새로운 언어를 배우려고 시도해 본 적이 있는 분들에게 물어보세요. 마지막으로, 실패가 없다면 어떻게 성공에 감사할 수 있을까요? 제 '실패 콘' 강연에 와주셔서 감사합니다.

6-5 챗GPT와 음성으로 대화하기

크롬 확장 프로그램을 설치하면 챗GPT와 음성으로 대화하는 것도 가능하다. 크롬 웹 스토어에서 Talk-to-ChatGPT를 검색한다. 아래의 로고와 같은지 확인한 후 Chrome에 추가를 클릭하여 설치한다.

홈 › 확장 프로그램 › Talk-to-ChatGPT

Talk-to-ChatGPT
★★★★★ 77 ⓘ │ 오락 │ 사용자 80,000+명

Chrome에 추가

[그림 4-5] Talk-to-ChatGPT 설치

설치가 끝난 후 챗GPT를 시작하면 화면 오른쪽 상단에 Talk-to-ChatGPT 박스가 표시된다.

Talk-to-ChatGPT v1.6.1
▶ START

Model
Default (GPT-3.5)

ChatGPT PLUS

✎ Editing Disabled

프롬프트 지니가 자동으로 번역을 해드릴게요!

⬤ 자동 번역 Alt T   번역 미리보기 Ctrl Enter

[그림 4-6] 챗GPT 화면에 나타난 Talk-to-ChatGPT

START를 클릭하면 다음과 같은 화면이 나타난다. 첫 번째 마이크 모양은 사람의 음성 인식, 두 번째 스피커는 챗GPT의 음성 재생, 세 번째 파란색 이중 플레이버튼은 챗GPT 음성 재생 중단, 네 번째는 설정 메뉴이다.

[그림 4-7] Talk-to-ChatGPT 메뉴

빨간색 밑줄이 있는 상태에서 말을 하면, 빨간색 줄이 초록색으로 바뀌면서 챗GPT가 사람의 말에 음성으로 대답한다. 챗GPT의 말이 끝나면 다시 빨간색으로 바뀌고 사람이 말을 할 수 있다. 간혹 발음을 알아듣지 못해서 답답할 때도 있지만, 실제로 외국인과 대화하듯이 생생하게 영어로 말할 수 있어서 실제적인 말하기 연습에 큰 도움이 된다.

[그림 4-8] 챗GPT가 말하는 상태

오른쪽 설정 메뉴를 클릭하면 미국 혹은 영국 영어, 한국어 등의 언어를 선택할 수 있고 AI의
목소리 속도와 높낮이를 조절할 수도 있다.

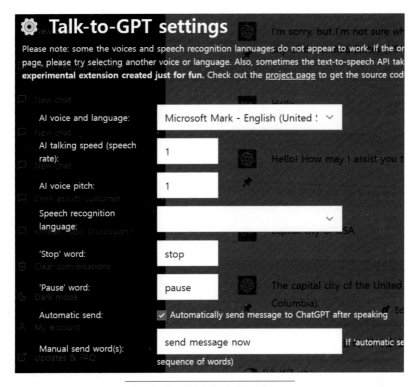

[그림 4-9] 설정 메뉴의 세부 사항

저자의 경우 Talk-to-GPT 프로그램을 사용하면 챗GPT와 영어로 대화할 수 있다는 사실이
가장 놀라웠다. 영어 말하기 연습을 위해 화상 영어나 전화 영어로 원어민을 만나면 적지 않
은 돈이 들어간다. 하지만 이 기능을 활용하면 비용도 절감할 수 있을 뿐만 아니라 원어민과
대화하는 효과도 누릴 수 있을 것이다.

07. 토익, 토플과 IELTS 공부하기

7-1   토익 공부하기

챗GPT로 토익 공부를 가장 쉽게 시작할 방법은 토익 문제를 만드는 것이다. 문제뿐만 아니라 정답, 설명까지 바로 볼 수 있으므로 정말 유용하다.

입력

토익에 나오는 문법 문제를 객관식으로 2개 만들어줘.

Make two multiple-choice grammar questions from the TOEIC.

결과

1. The company _____ its employees to work hard to meet their targets.

a. expect

b. expects

c. expected

d. is expecting

Answer: b. expects

Explanation: The subject of the sentence is "company," which is a singular noun, so it should take a singular verb form "expects."

2. We will hold the meeting _____ the conference room on the 10th floor.

a. in

b. on

c. at

d. to

Answer: a. in

Explanation: When we talk about a location of a meeting, we use the preposition "in" to indicate a closed space like a conference room.

토익에서 특정 영역과 파트의 유형에 맞는 문제를 생성하도록 요청해 보자.

입력

토익의 Reading Comprehension에서 Part 5의 Incomplete sentences에 관한 문제를 1개 만들어줘.

In the TOEIC Reading Comprehension, make one question about Incomplete sentences in Part 5.

결과

Question: Choose the best option to complete the sentence:

The new CEO's management style is _____ and effective, which has led to increased productivity in the company.

a) erratic

b) innovative

c) superficial

d) arrogant

Answer: b) innovative

Explanation: The sentence mentions that the new CEO's management style has led to increased productivity in the company, indicating that the style is effective. The word "innovative" suggests that the CEO has brought new and creative ideas to the management of the company. The other options do not convey the same meaning and do not fit logically in the context of the sentence.

정확한 토익 문제 유형이 생각나지 않을 때는 원하는 유형을 내 방식대로 설명해도 해당 문제를 만들어 준다.

입력

지문의 빈칸에 알맞은 단어를 골라 넣는 형식으로 토익 문제를 만들어줘.
Make a TOEIC question in the form of selecting the appropriate word in the blank space of the passage.

결과

Passage:

At XYZ Corporation, we believe that customer satisfaction is the key to success. That's why we have (1)_____ programs to ensure our customers are happy with our products and services. We have a team of (2)_____ who are dedicated to answering customer inquiries and resolving issues. In addition, we offer (3)_____ services such as product demonstrations and free trials to help our customers make informed decisions. Finally, we conduct regular surveys to gather feedback and (4)_____ areas for improvement.

A. developed B. developed with C. developed for D. developing

A. expertises B. experts C. expertises team D. expert

A. add-on B. additional C. added D. adding on

A. identify B. identifying C. identifies D. identification

Answers:

A. developed

B. experts

B. additional

A. identify

여기에 다음과 같이 추가 질문을 덧붙일 수도 있다.

예문을 좀 더 길게 만들어줘.

Make the example sentence longer.

좀 더 어려운 내용으로 문제를 만들어줘.

Make the question more challenging(complicated).

이런 식의 문제를 5개 더 만들어줘.

Make 5 more problems like this.

이들 문제와 답에 대한 설명을 친절하게 해줘.

Kindly explain these questions and the answers.

7-2 토플과 IELTS 공부하기

토플과 IELTS도 토익과 마찬가지로 문제 유형을 제시하고 만들어 달라고 요청해 보자.

입력

토플의 읽기 영역에서 나올만한 예상 본문과 함께 해당 내용에 대한 사실 확인 문제를 만들어줘.

Create an expected text from the Reading Section of the TOEFL and make fact questions about it.

Text:

The Great Barrier Reef is the world's largest coral reef system, located in the Coral Sea off the coast of Australia. It consists of over 2,900 individual reefs and 900 islands stretching for over 2,300 kilometers. The Great Barrier Reef is home to an enormous variety of marine life, including over 1,500 species of fish, 600 species of coral, and 30 species of whales and dolphins. It is also a major tourist attraction, with millions of visitors each year coming to explore the reef's stunning coral formations and diverse ecosystem.

Fact Questions:

Where is the Great Barrier Reef located?

Answer: It is located in the Coral Sea off the coast of Australia.

How long is the Great Barrier Reef?

Answer: It stretches for over 2,300 kilometers.

How many individual reefs does the Great Barrier Reef consist of?

Answer: It consists of over 2,900 individual reefs.

What is the variety of marine life found in the Great Barrier Reef?

Answer: It includes over 1,500 species of fish, 600 species of coral, and 30 species of whales and dolphins.

What is the main attraction of the Great Barrier Reef?

Answer: Its stunning coral formations and diverse ecosystem attract millions of visitors each year.

토플에서 쓰기 영역의 예상 문제를 생성할 수도 있다.

입력

토플의 쓰기 영역 중 독립형 쓰기 과제의 예상 문제를 만들고 예시 답과 설명을 추가해 줘.

In the TOEFL writing, present the expected questions of the Independent Task and add example answers and explanations to them.

결과

안녕하세요! TOEFL의 Independent Writing Task에 대한 예상 문제와 예시 답안, 설명을 준비할 수 있습니다.

Do you agree or disagree with the following statement? People should always be honest, even if being honest means causing harm to others.

Example response:

I strongly disagree with the statement that people should always be honest, even if it means causing harm to others. Honesty is an important virtue, but it must be balanced with empathy and consideration for the well-being of others. While it may be tempting to be truthful in all situations, sometimes the most compassionate and ethical course of action is to keep certain things to oneself.

For instance, consider a situation where a close friend has confided in you about a personal issue, such as a mental health struggle or a difficult family situation. In this case, it may be tempting to share this information with others, but doing so could cause significant harm to your friend. In such a situation, it would be more ethical to keep the information confidential, even if it means not being completely honest.

In conclusion, while honesty is important, it is not an absolute value that should always take precedence over the well-being of others. A more balanced and ethical approach is to weigh the potential consequences of honesty before speaking or acting.

(이하 생략)

토플의 쓰기 과제 작성 시 필요한 연결사나 접속사만 생성하도록 할 수도 있다.

입력

토플의 쓰기 영역에서 논리적인 글쓰기에 필요한 연결사나 접속사들을 쓰고 예문도 함께 보여줘.

In TOEFL writing, write the connectors and conjunctions needed for logical writing and give examples.

결과

1. Coordinating Conjunctions (등위접속사):

   - And: Used to connect two similar ideas or items. Example: "I like to read books, and my brother likes to watch movies."

   - But: Used to show contrast or an exception. Example: "I wanted to go to the party, but I was feeling sick."

   - Or: Used to present a choice or an alternative. Example: "We can go to the beach or the park."

2. Subordinating Conjunctions (종속접속사):

   - Although: Used to introduce a contrast. Example: "Although it was raining, we decided to go for a walk."

   - Because: Used to show cause and effect. Example: "I couldn't attend the meeting because I was sick."

   - If: Used to introduce a hypothetical situation. Example: "If I get the job, I will move to a new city."

3. Conjunctive Adverbs (접속부사):

- Therefore: Used to show a conclusion. Example: "I studied hard for the exam; therefore, I got a good score."

- However: Used to show a contrast. Example: "I didn't like the movie; however, I enjoyed the soundtrack."

- Furthermore: Used to add information. Example: "I like to read books; furthermore, I enjoy discussing them with my friends."

여기에서 접속부사를 좀 더 만들도록 추가 입력문을 넣어 보자.

입력

접속부사를 10개 더 찾아 쓰고 예문도 함께 알려줘.

Write 10 more Conjunctive Adverbs and write example sentences.

결과

1. Additionally - Additionally, I would like to point out that we need more resources for the project.

2. Moreover - Moreover, the new policy will greatly benefit our company.

3. Consequently - She didn't study for the test; consequently, she failed it.

4. Nevertheless - I didn't like the movie; nevertheless, it was a box office success.

(이하 생략)

IELTS에서도 특정 유형의 문제를 생성하도록 챗GPT에 요청할 수 있다.

입력

IELTS의 General Training 분야에서 쓰기 영역의 예상 문제와 답, 해설을 써줘.

Write expected questions, answers and explanations for IELTS General Training Writing.

결과

Question: Write a letter to your landlord explaining that you will be moving out of your apartment soon. In your letter, include the reason for your move and any necessary details.

Answer:
Dear [Landlord's Name],

I hope this letter finds you well. I am writing to inform you that I will be moving out of my apartment on [date]. The reason for my move is that I have accepted a job offer in another city and will need to relocate.

I have enjoyed living in the apartment and appreciate all the help you have given me during my stay. In terms of the apartment, I will make sure that it is in good condition when I move out. I will clean it thoroughly and take care of any necessary repairs. If there is anything else that I need to do, please let me know.

Thank you for understanding my situation. I hope to hear from you soon.

Sincerely,
[Your Name]
Explanation: This task is a letter-writing task that requires the candidate to explain their reason for moving out of an apartment and any necessary details. The candidate needs to follow a proper letter-writing format and use appropriate language, such as greeting, introduction, body, and conclusion.

예상 문제 생성 외에도 이러한 공인 영어 시험에서 점수를 잘 받을 방법을 물어볼 수도 있다.

입력

IELTS의 쓰기 영역에서 점수를 잘 받을 수 있는 방법은?

How can I score well in the writing section of the IELTS?

결과

1. 시험 형식을 이해하세요: 작문 시험의 각 파트에서 무엇을 기대하는지 파악하세요.

2. 쓰기 연습하기: 많이 쓸수록 더 좋은 결과를 얻을 수 있습니다. 매일 글을 쓰고 가능하면 교사나 튜터에게 피드백을 받도록 하세요.

3. 어휘력을 넓히세요: 아이디어를 더 명확하게 표현하는 데 도움이 되는 새로운 단어와 구문을 배워 보세요.

4. 글쓰기 계획 세우기: 글쓰기를 시작하기 전에 몇 분 정도 시간을 내어 에세이를 계획하세요. 이렇게 하면 체계적으로 주제를 파악하는 데 도움이 됩니다.

(이하 생략)

토플과 IELTS에서 사용할 수 있는 입력문들이다.

내가 쓴 다음 글에 대해 문법 및 구조적 오류를 수정하고 개선할 수 있는 제안이 포함된 피드백을 써줘.

Give me feedback on my next writing with suggestions to improve and fix grammatical and structural errors.

토플의 어휘 목록을 만들어줘.

Make a list of vocabulary for TOEFL.

토플의 연습 문제를 10개 만들어줘.

Create 10 TOEFL practice tests.

토플과 IELTS 시험에 대비하기 위한 쓰기 문제들을 만들어줘.

Write writing prompts to prepare for the IELTS.

08. 개인 맞춤형 영어 공부하기

8-1 영어 자료 전체 혹은 일부 검색하기

반드시 공부해야 할 영어 문법 다섯 가지를 물어보자.

입력

영어 문법을 전혀 모르는 사람이 반드시 알아야 할 영어 문법 5가지를 소개해줘.

Introducing 5 English grammar that you must know.

결과

1. 주어-동사 일치: 문장의 주어(명사 또는 대명사)와 동사의 수가 일치하는지 확인합니다. 주어가 단수인 경우 동사도 단수여야 하고, 주어가 복수인 경우 동사도 복수여야 합니다.

예시:

He walks to school every day (단수 주어 및 동사)

They walk to school every day.. (복수 주어 및 동사)

2. 시제의 올바른 사용: 영어에는 과거, 현재, 미래의 세 가지 주요 시제가 있습니다. 올바른 시제를 사용하는 것은 행동이나 상태의 의도된 의미와 시간을 전달하는 데 매우 중요합니다.

예시:

I ate breakfast. (과거)

I am eating breakfast. (현재)

I will eat breakfast. (미래)

3. 올바른 대명사 사용: 대명사(such as he, she, it, they, etc.)는 반복을 피하기 위해 명사를 대
   체합니다. 특히 주어 대명사(I, you, he, she, it, we, they)와 목적 대명사(me, you, him, her, it,
   us, them)의 경우 올바른 대명사 형태를 사용해야 한다는 점에 유의하세요.

예시:

She gave the book to him. (올바른)

Her gave the book to he. (부정확)

4. 관사의 올바른 사용: 영어에는 관사가 세 개 있습니다: 'a', 'an', 'the'. 부정관사 (특정하지 않
   은 항목을 지칭할 때)에는 'a'와 'an'을, 정관사(특정 항목을 지칭할 때)에는 'the'를 사용합니
   다. 'a'는 자음으로 시작하는 단어 앞에 사용하고, 'an'은 모음으로 시작하는 단어 앞에 사용
   합니다.

예시:

I have a dog. (부정관사)

The dog is playing outside. (정관사)

5. 전치사의 올바른 사용: 전치사(예: in, on, at 등)는 단어 간의 관계를 나타내며, 종종 위치, 시
   간 또는 방향을 나타냅니다. 전치사가 사용되는 문맥에 맞는 올바른 전치사를 선택하세요.

예시:

I will meet you at the library. (정답)

I will meet you on the library. (오답)

8-2   개인별 영어 공부 계획 수립하기

이번에는 일주일 동안 30개의 일상생활 영어 표현을 공부할 계획을 만들어 보자. 표와 체크리스트도 입력하도록 한다.

입력

일주일 동안 일상생활에서 사용되는 30개의 영어 표현을 공부할 계획을 세워줘. 표로 만들고 거기에 체크리스트를 넣어줘.

결과

Day	Expressions to Study	Checklist
Day 1	How are you? What's up? Long time no see. What have you been up to? Nice to meet you.	[ ]
Day 2	Sorry, I'm late. Excuse me. Bless you. Thank you. You're welcome.	[ ]
Day 3	Can you repeat that, please? What do you mean? I don't understand. Let me know. I'll get back to you.	[ ]
Day 4	It's not a big deal. That's a good point. I see what you mean. I'm not sure. Maybe later.	[ ]
Day 5	That's too bad. I'm sorry to hear that. No worries. Keep me posted. I appreciate it.	[ ]
Day 6	What's the plan? Let's get together. What are you up for? That sounds good. I'm game.	[ ]

[그림 4-10] 일주일간의 생활 영어 표현 공부 계획

5일간 100개의 동사를 외울 수 있는 계획표를 작성하도록 한다. 그러나 GPT-3.5에서 여러 차례 입력문을 넣어 시도했지만 저자가 원하는 결과문이 나오지 않았다. 한 개의 표에 다 보이기를 바랐지만, 계속해서 날짜별로 나열식으로 생성되었다. 반면 GPT-4에서는 단번에 마음에 드는 결과문이 나왔다.

입력

5일간 일상생활에 가장 많이 쓰이는 영어 동사 100개를 외울 거야. 동사 100개를 찾은 후 날짜별로 20개의 동사들을 배열하여 하나의 표에 그 계획표를 만들어줘.

결과

아래는 5일 동안 일상 생활에서 많이 쓰이는 영어 동사 100개입니다. 날짜별로 20개의 동사들을 배열하여 표를 만들었습니다.

날짜 1:

1. Be
2. Have
3. Do
4. Say
5. Go
6. Get
7. Make
8. Know

[그림 4-11] GPT-4가 생성한 계획표(표 아랫부분 생략)

5일 동안 외울 영어 동사 100개를 찾았습니다. 아래 표에 각 날짜별로 20개의 동사를 배열했습니다.

날짜	동사 20개
2023-04-30	1. be 2. have 3. do 4. say 5. go 6. get 7. make 8. know 9. think 10. take 11. see 12. come 13. want 14. look 15. use 16. find 17. give 18. tell 19. work 20. call
2023-05-01	21. try 22. ask 23. need 24. feel 25. become 26. leave 27. put 28. mean 29. keep 30. let 31. begin 32. seem 33. help 34. talk 35. turn 36. start 37. show 38. hear 39. play 40. run
2023-05-02	41. move 42. like 43. live 44. believe 45. hold 46. bring 47. happen 48. write 49. provide 50. sit 51. stand 52. lose 53. pay 54. meet 55. include 56. continue 57. set 58. learn 59. change 60. lead
2023-05-03	61. understand 62. watch 63. follow 64. stop 65. create 66. speak 67. read 68. allow 69. add 70. spend 71. grow 72. open 73. walk 74. win 75. offer 76. remember 77. love 78. consider 79. appear 80. buy
2023-05-04	81. wait 82. serve 83. die 84. send 85. expect 86. build 87. stay 88. fall 89. cut 90. reach 91. kill 92. remain 93. suggest 94. raise 95. pass 96. sell 97. require 98. report 99. decide 100. pull

[그림 4-12] GPT-4가 생성한 계획표

8-3   원서와 앱 추천

영어 원서를 추천해 달라고 할 수도 있다. 이 원서들을 검색해 보니 인터넷 서점에서도 구입할 수 있었다. 조만간 챗GPT에 쇼핑 앱들이 플러그인된다고 하니, 챗GPT에서 바로 플러그인 기능을 통해 책을 살 수 있게 될 것이다(2023년 4월 12일 기준).

입력

난이도가 중급 정도 되고 페이지 수가 적은 로맨스 영어 단편 소설집을 추천해 줘.

Please recommend a romance English short story collection with an intermediate level of English and a few pages.

결과

1. Diana Secker Tesdell의 "Love Stories: Classic Tales of Romance" - 이 컬렉션에는 Jane Austen, Edgar Allan Poe, James Joyce와 같은 작가의 고전적인 러브 스토리가 포함되어 있습니다. 이야기는 짧고 접근 가능한 언어로 작성되었습니다.

2. Edith Wharton의 "The New York Stories of Edith Wharton" - 이 컬렉션에는 20세기 초 뉴욕을 배경으로 한 여러 단편 소설이 포함되어 있으며 그중 다수는 사랑과 로맨스의 주제를 탐구합니다. Wharton의 글쓰기 스타일은 접근 가능하지만 여전히 정교합니다.

영어 공부 계획이나 원서 외에도 영어를 공부할 수 있는 무료 앱을 물어볼 수도 있다.

입력

영어 공부를 할 수 있는 무료 앱을 소개해 줘.

Introduce a free app to study English.

결과

앱 이름: 듀오링고

설명: 듀오링고는 영어를 포함한 다양한 언어로 코스를 제공하는 무료 언어 학습 앱입니다. 이 앱은 문법, 어휘, 듣기 및 말하기 능력을 연습하는 데 도움이 되는 게임과 같은 연습 문제와 퀴즈를 사용합니다. ...(이하 생략)

특징: 언어 능력을 연습하기 위한 게임과 같은 연습 문제 및 퀴즈
객관식, 말하기 및 쓰기 연습
(이하 생략)

장점: 모든 수준의 학습자가 사용하기 쉽고 접근 가능
언어 기술을 연습할 수 있는 재미있고 상호작용적인 방법 제공
(이하 생략)

전반적으로 듀오링고는 영어를 무료로 공부하려는 모든 사람에게 훌륭한 앱입니다. 학습에 대한 게임과 같은 접근 방식은 재미있고 매력적이며, 다양한 연습과 기능은 균형 잡힌 언어 학습 경험을 보장합니다.

8-4 영어 발음을 한국어로 표기하기

영어 초보자인 경우 영어를 읽고 싶어도 발음을 몰라 못하는 경우가 있다. 이때 영어 발음을 한국어로 표기하도록 입력할 수 있다. 저자의 경우 중학생 중 영어 발음을 전혀 못하는 학생들에게 이러한 방법을 사용할 때가 있다.

입력

Transcribe the following sentences in Korean phonetic letters.

다음 문장을 한글 소리글자로 옮겨 적어줘.

I have studied English for two years.

I had studied English for two years before I moved to the United States.

결과

I have studied English for two years.

[Korean Phonetics]: 아이 해브 스터디드 잉글리쉬 포 투 이어즈.

[Revised Romanization]: ai hebeu seutodeideu inggeulliswi peo tu ieojeu.

I had studied English for two years before I moved to the United States.

[Korean Phonetics]: 아이 해드 스터디드 잉글리쉬 포 투 이어즈 비포어 아이 무브드 투 더 유나이티드 스테이츠.

[Revised Romanization]: ai haedeu seutodeideu inggeulliswi peo tu ieojeu bipoeo ai mubeudeu tu deo yunaitedeu seuteijeu.

5

챗GPT로
퇴근 시간 앞당기기

/

지금까지는 챗GPT를 주로 나의 개인 비서나 영어 학습에 사용하는 등 개인적인 용도로 사용하는 방법을 알아보았다. 이번에는 실제로 업무에 활용하는 방법을 알아보고, 일의 효율성을 향상시켜 퇴근 시간을 앞당겨 보자.

01. 직원 채용하기

먼저 일할 사람을 뽑기 위해서는 우리 회사나 부서에 딱 맞는 사람을 채용하기 위한 공고문을 작성해야 한다. 먼저 공고문 초안을 챗GPT에 맡겨 보자.

입력

글로벌 IT 회사에서 프롬프트 엔지니어를 뽑는 채용 공고를 낼 거야. 프롬프트 엔지니어의 주요 업무와 필수 및 선호 자격 요건이 포함된 공고문을 작성해 줘.

결과

제목: [회사 이름]에서 프롬프트 엔지니어를 모십니다!

[회사 이름]은 글로벌 IT 기업으로서 끊임없이 혁신하고 변화하는 세상에 더 나은 기술 솔루션을 제공하고자 합니다. 이에, 우수한 역량을 갖춘 프롬프트 엔지니어를 모집하고자 합니다. 함께 성장하고 미래를 그려갈 인재를 기다립니다!

[포지션명]: 프롬프트 엔지니어

주요 업무:
프롬프트 시스템의 설계, 개발, 테스트 및 유지 보수
프롬프트 관련 소프트웨어 및 하드웨어 문제 해결
최적화 및 성능 개선을 위한 연구와 개발
새로운 프롬프트 기술 동향 및 표준 연구

프로젝트 관리 및 팀원과의 협력을 통한 효율적인 작업 진행

필수 자격 요건:

컴퓨터 공학, 전자 공학 또는 관련 분야의 학사 학위 이상

프롬프트 시스템 개발 및 유지 보수 경험 3년 이상

C/C++, Python, Java 등 프로그래밍 언어에 능숙

프롬프트 관련 하드웨어 및 소프트웨어 지식

탁월한 문제 해결 능력 및 의사소통 능력

영어 구사 능력 (회화 및 서면)

선호 자격 요건:

관련 분야의 석사 학위 또는 박사 학위

프롬프트 관련 표준 및 규격에 대한 이해

다양한 플랫폼 및 운영체제에서 프롬프트 개발 경험

프로젝트 관리 경험

지원 방법 및 기간:

지원 기간: 채용 시까지 (채용이 완료되면 공고가 마감됩니다.)

지원 서류: 이력서, 자기소개서, 관련 자격증 및 포트폴리오

지원 방법: [회사 웹사이트 지원 링크] 또는 이메일 접수([이메일 주소])

많은 분들의 관심과 지원을 기다리고 있겠습니다.

기대 이상의 세부 내용이 담긴 공고문 초안이 생성되었다. 괄호 안에 각 회사의 정보만 추가하면 바로 사용해도 될 만큼 상세하게 작성되어 있다. 이번에는 해당 공고문과 함께 안내할 자기소개서 문항을 만들어 보자.

입력

이러한 공고 내용으로 직원을 채용할 때 필요한 자기소개서 문항을 4개 만들어줘.

결과

1. 프롬프트 시스템을 개발, 테스트 및 유지 관리한 경험에 대해 말씀해 주시겠습니까?
2. C/C++, Python, Java 등 어떤 프로그래밍 언어에 능숙하고 지난 프로젝트에서 어떻게 활용했나요?
3. 프로젝트를 관리하거나 복잡한 프롬프트 관련 문제를 해결하기 위해 팀원들과 성공적으로 협업한 사례를 제공할 수 있습니까?
4. 최신 프롬프트 기술 동향 및 표준에 대한 최신 정보를 어떻게 유지하고 있으며, 과거 작업에서 프롬프트 시스템의 성능 및 최적화를 개선하기 위해 이 지식을 어떻게 적용했습니까?

공고의 내용을 바탕으로 구체적인 상황과 맥락을 담은 자기소개서 문항이 만들어진 것을 확인할 수 있다. 이렇게 만들어진 공고문과 자기소개서 문항을 활용하면 직원 채용을 위한 서류 작성에 드는 시간을 획기적으로 줄일 수 있을 것이다.

02. 자기소개서 쓰기

자기소개서는 직장을 구할 때 필수로 제출해야 하는 중요한 서류 중 하나이다. 각 기업에서 요구하는 내용이 빠짐없이 포함되어 있으면서도 다른 사람과 차별화된 자기소개서를 작성하는 것은 매우 중요하다. 어떻게 작성해야 할지 막막하다면 챗GPT의 도움을 받아 보자. 이때 입력문은 공고에서 제시한 내용을 바탕으로 최대한 구체적으로 작성하는 것이 좋으며, 내용의 질이 서류 전형의 당락에 중요한 영향을 끼칠 수 있으므로 가급적 유료 버전(GPT-4)을 활용하는 것을 추천한다.

입력

우리나라에서 K-Pop 산업으로 인지도가 있는 JYP 엔터테인먼트에서 2023년 2분기 공개 채용을 진행한다고 해. 아티스트 파트와 지원 파트로 구분해서 채용하는데 나는 아티스트 파트의 마케팅 분야에 지원하고 싶어. 해당 분야의 구체적인 업무와 선호하는 자격 요건은 다음과 같아.

주요 업무[1]
· 마케팅 전략 수립 및 기획/분석 모니터링
: 앨범 프로모션 전략 및 기획
: 앨범 활동 외 마케팅 전략 기획

필수 및 선호 자격 요건
· SNS 피드 및 블로그 포스팅 가능자
엔터테인먼트, 광고, 미디어, 브랜딩 계열 전공
디자인 프로그램 사용 가능자

다음의 항목에 따라 해당 분야에 지원하기 위한 자기소개서를 정중하게 작성해줘.

자소서 항목
1. 'JYP'에 관심을 가지게 된 계기와 해당 직무에 지원하신 이유를 작성하시기 바랍니다.
2. 본인의 성격 또는 성향이 지원 분야와 적합한 이유에 대해 작성하시기 바랍니다.
3. 자신의 핵심 역량은 무엇이며, 이를 위해 어떤 경험을 하였는지 작성하시기 바랍니다.
4. 엔터테인먼트 산업과 'JYP'의 미래에 대한 자신의 생각을 작성하시기 바랍니다.

결과

1. JYP 엔터테인먼트에 관심을 가지게 된 계기와 해당 직무에 지원하신 이유
JYP 엔터테인먼트는 국내뿐만 아니라 전 세계에서 사랑받는 아티스트들을 배출한 업계의 선두

---

1) https://www.jobkorea.co.kr/Recruit/GI_Read/41538852?Oem_Code=C1&PageGbn=ST

주자입니다. 뛰어난 아티스트들과 창의력 있는 콘텐츠가 어우러진 JYP의 성공적인 성장 이야기에 큰 관심을 가지게 되었습니다. 아티스트 파트의 마케팅 분야에 지원하게 된 이유는, 전문적인 마케팅 전략을 통해 더 많은 사람들에게 JYP 아티스트들의 매력을 전파하고자 하는 열정 때문입니다. 저는 이 분야에서 JYP 엔터테인먼트와 함께 성장하며 기여할 수 있는 능력을 갖추고 있습니다.

2. 본인의 성격 또는 성향이 지원 분야와 적합한 이유

저는 성실하고 창의력이 뛰어난 성격을 가지고 있습니다. 이러한 성격 덕분에 다양한 마케팅 전략을 구상하고 실행할 수 있습니다. 또한, 긍정적인 에너지와 원활한 의사소통 능력을 바탕으로 팀원들과 협력하여 목표를 달성할 수 있습니다. 이러한 성격과 능력이 아티스트 파트의 마케팅 분야에 적합하다고 생각합니다.

3. 자신의 핵심 역량은 무엇이며, 이를 위해 어떤 경험을 하였는지

제 핵심 역량은 데이터 기반의 마케팅 전략 수립 및 실행 능력입니다. 대학 시절, 엔터테인먼트 관련 프로젝트에서 데이터 분석을 통해 효과적인 마케팅 전략을 성공적으로 수립하고 실행한 경험이 있습니다. 또한, 인턴 기간 동안 광고 기획사에서 SNS 캠페인 기획 및 디자인 프로그램을 활용한 콘텐츠 제작 경험을 쌓았습니다. 이를 통해 아티스트의 브랜드 가치와 시장 성장을 위한 전략을 세울 수 있는 능력을 키웠습니다.

4. 엔터테인먼트 산업과 'JYP'의 미래에 대한 자신의 생각

엔터테인먼트 산업은 지속적으로 변화하고 발전하고 있으며, 디지털 시대에 맞춰 새로운 콘텐츠와 서비스를 제공하는 것이 중요합니다. JYP 엔터테인먼트는 글로벌 시장에서 높은 인지도와 경쟁력을 갖추고 있으나, 아티스트들의 지속적인 성장과 더불어 다양한 콘텐츠와 플랫폼의 확장이 필요합니다.

JYP의 미래를 위해 저는 글로벌 시장과 로컬 시장의 트렌드와 문화를 이해하고, 이를 바탕으로 한 창의적인 마케팅 전략을 수립하겠습니다. 또한, 다양한 채널을 활용하여 아티스트들의 매력을 적극적으로 전파하고, 고객들과의 소통을 강화하여 브랜드 가치를 높이는데 기여하겠습니다.

마지막으로, 저는 JYP 엔터테인먼트와 함께 성장하며, 아티스트와 팬들을 연결하는 다양한 프로젝트를 기획하여 기업의 성공과 더불어 엔터테인먼트 산업의 발전에 기여하겠습니다.

위의 자기소개서를 통해, 저의 열정과 능력을 JYP 엔터테인먼트 아티스트 파트의 마케팅 분야에서 발휘하고자 합니다. 기회를 주시면 최선을 다해 노력하겠습니다. 감사합니다.

[지원자 성명]

단 몇 분 만에 자기소개서 한 편이 뚝딱 완성되었다. 이 정도의 분량은 한 번에 모두 생성되지 않으므로 만약 문장 생성 과정이 끊기면 '계속 해줘' 등의 추가 입력을 제공해야 한다.

자기소개서를 작성할 때 구직자들이 가장 어려워하는 부분은 띄어쓰기와 맞춤법이라고 한다.[2] 또한, 구어체와 문어체 구분, 높임말 표현 등 신경 쓰이는 부분이 한두 가지가 아니다. 이와 관련하여 수정하고 다듬어야 하는 부분이 눈에 띈다면 추가로 챗GPT의 도움을 받을 수 있다. 다음에 제시된 결과는 editGPT라는 크롬 확장 프로그램을 활용하여 내용을 교정한 결과로서, 구체적인 사용 방법은 챕터 8에 제시되어 있다.

입력

Proofread this, significantly improving clarity and flow:
(이 글을 교정하되, 명료성과 흐름을 크게 개선해 주세요:)

1. JYP 엔터테인먼트에 관심을 가지게 된 계기와 해당 직무에 지원하신 이유
(이하 생략)

---

2) 이종욱, 「구직자 48% "자소서 띄어쓰기·맞춤법 어려워"」, 『경북일보』, 2021년 10월 7일, https://www.kyongbuk.co.kr/news/articleView.html?idxno=2085000&replyAll=&reply_sc_order_by=C

결과

JYP 엔터테인먼트에 관심을 가자갖게 된 계가와 해당 직무에 지원하신 아유이유와 지원 동기

JYP 엔터테인먼트는 국내뿐만 아나라는 물론 전 세계에서적으로 사랑받는 아티스트들을를 배출한 업계의 선두주자입니다. 뛰어난 아티스트들과와 창의력 있는적인 콘텐츠가 어우러진 JYP의 성공적인 성장 이야기에 큰 관심을 가지게 되었습니다. 아티스트 파트의부문 마케팅 분야직무에 지원하게 된한 이유는; 전문적인 마케팅 전략을 통해 더 많은 사람들에게 JYP 아티스트들의 매력을 전파하더 많은 사람들에게 알리고자 하는 열정 때문임이었습니다. 저는 이 분야에서에게는 JYP 엔터테인먼트와 함께 이 분야에서 성장하며고 기여할 수 있는 능력을 갖추고 있습기술과 능력이 있다고 생각합니다.

이렇게 자기소개서의 기본 틀을 챗GPT의 도움을 받아 구성한 후, 자신만의 장점과 색깔을 추가하여 완성한다면 시간도 절약하고 더 좋은 결과를 얻을 수 있을 것이다.

03. 면접 준비하기

멋진 자기소개서로 서류 전형을 통과하였다면 이번에는 챗GPT와 함께 면접을 준비해 보자. 면접 시 주의해야 할 점 등 사소한 것들도 챗GPT에는 부담 없이 물어볼 수 있다.

입력

위에서 제시해 준 자기소개서로 JYP 엔터테인먼트의 1차 서류 전형에 통과했는데 2차 면접에서 어떤 점을 주의하면 좋을까? 옷차림이나 면접 시 태도, 사전에 준비해야 할 내용들을 알려줘.

결과

1차 심사 합격을 축하합니다! 2차 면접을 위해 무엇을 입어야 하는지, 어떻게 행동해야 하는지, 사전에 무엇을 준비해야 하는지에 대한 몇 가지 팁을 알려드립니다.

복장: 회사 문화에 맞게 전문적이고 적절하게 옷을 입으십시오. JYP 엔터테인먼트는 연예계이기 때문에 여전히 세련되게 보여야 하지만 더 창의적이거나 스타일리시한 의상을 선택할 수 있습니다. 잘 맞는 정장이나 블레이저에 드레스 셔츠와 드레스 팬츠 또는 스커트가 어울립니다. 옷이 깨끗하고 주름이 없는지 확인하십시오. 편안하고 전문적인 신발을 신는 것을 잊지 마십시오.

인터뷰 중 행동 방법:
일찍 도착: 예정된 면접 시간 최소 10~15분 전에 도착해야 합니다.
공손하고 정중하게 행동하십시오: 면접관에게 강한 악수로 인사하고 시선을 유지하십시오. 그들의 이름을 부르고 공식적인 언어를 사용하십시오.
자신감을 가져라: 인터뷰 내내 똑바로 앉고 안절부절하지 않으며 긍정적인 태도를 유지하십시오.
(이하 생략)

미리 준비해야 할 것:
회사 조사: JYP Entertainment의 역사, 가치 및 최근 마케팅 캠페인을 숙지하십시오. 이렇게 하면 회사 문화 및 목표에 대한 귀하의 적합성을 입증하기 위해 귀하의 답변을 맞춤화하는 데 도움이 될 것입니다.
직무 설명 검토: 역할에 필요한 특정 작업과 자격을 이해하고 기술과 경험이 어떻게 일치하는지 논의할 준비를 하십시오.
(이하 생략)

이러한 팁을 따르면 JYP 엔터테인먼트와의 두 번째 인터뷰를 잘 준비할 수 있습니다. 행운을 빌어요!

이번에는 실제 면접 과정을 준비해 보자. 물론 챗GPT에 면접 예상 문제와 답변을 물어보는 기본적인 방법도 좋지만, 한 단계 더 나아가 챗GPT에 특정 역할을 부여하고 실전 모의 면접을 진행하는 방법도 가능하다.

입력

너는 지금부터 JYP 엔터테인먼트의 이사로서 임원 면접에 참여하는 면접관이야. 너는 지난 15년간 JYP 소속 아이돌로 연습생 때부터 이 회사와 인연을 맺어 지금은 이사의 자리까지 올라갔어. 자신의 소속 기획사에 대한 애정이 많고 스스로 노력하여 이 자리까지 오게 된 것을 자랑스러워하고 있어.

지금부터 이사인 너와 아티스트 파트의 마케팅 분야에 지원한 내가 임원 면접을 시작할 거야. 내가 적절한 답변을 할 수 있도록 면접을 진행해줘.

결과

면접관(이사): 안녕하세요, 반갑습니다. JYP 엔터테인먼트의 이사입니다. 먼저 이 자리에 오신 것을 환영합니다. 자기 소개를 간단히 해주실 수 있나요?

지원자(당신): 안녕하세요, 저는 [지원자 성명]입니다. 마케팅 전략 수립과 실행에 능숙하며, 엔터테인먼트 산업에 대한 깊은 이해를 바탕으로 JYP 아티스트 파트의 마케팅 분야에서 기여하고자 지원하게 되었습니다.

면접관으로서의 역할을 잘 이해하고 있는 것으로 보이나 챗GPT가 면접관과 지원자의 역할을 모두 결과로 나타내고 있다. 챗GPT에 면접 질문의 모범 답안을 물어보는 목적이라면 이 대화도 충분히 유익하겠지만, 원래의 의도와 목적은 챗GPT와 내가 대화하는 형식으로 실전 면접을 체험해 보고 싶은 것이므로 결과 생성 과정을 중지하고 다시 추가 질문을 제공하도록 한다.

입력

지원자는 내가 할 거야. 너는 이사로서 질문만 해줘.

결과

면접관(이사): 죄송합니다. 그럼 질문을 드리겠습니다. 첫 번째 질문입니다. JYP 엔터테인먼트의 아티스트들을 대상으로 한 마케팅 전략을 수립할 때, 가장 중요하게 생각하는 요소는 무엇이라고 생각하시나요?

입력

저는 비주얼 디렉팅이 가장 중요하다고 생각합니다. 비주얼 디렉팅은 아티스트의 이미지를 비주얼 측면에서 포장해 스타로서의 이미지를 구축하고 브랜드 가치를 높이는 것입니다. 이러한 방법은 단순히 아티스트의 음악뿐만 아니라 캐릭터, 스토리와 브랜드를 창출함으로써 팬들에게 보다 큰 환상과 몰입을 주기 때문에 효과적입니다. 또한 설정한 콘셉트에 따라 목표 소비자층의 확실한 니즈를 공략하므로 팬층을 형성하기 좋습니다.[3]

결과

면접관(이사): 좋은 의견 감사합니다. 그렇다면 두 번째 질문입니다. JYP 엔터테인먼트 아티스트의 글로벌 마케팅을 위해 필요한 전략이나 특별한 접근법이 있다면 어떤 것이라고 생각하시나요? (이하 생략)

평소에는 사용자가 입력하고 챗GPT가 결과를 제공하는데, 면접 연습이다 보니 챗GPT와 나의 역할이 바뀐 것 같은 느낌이다. 이런 방식으로 챗GPT에 역할을 부여하고 그 상황과 입장에 따라 대화를 나누는 방법으로 면접을 실전처럼 준비하자!

---

3) K-Pop 비주얼 디렉팅 전략에 관한 SM 사례연구(최성이 & 고정민, 2019)

04. 비즈니스 메일 쓰기

하루 업무 중 이메일을 읽고 쓰는 데 소요되는 시간은 꽤 많다. 특히 외국 기업과 연락할 일이 많은 업종에 종사하는 사람들은 업무 연락의 대부분이 이메일로 진행된다고 해도 과언이 아니다. 챗GPT를 활용하면 메일을 읽고 내용을 파악하거나 메일의 문구를 생각하는 데 걸리는 시간을 획기적으로 줄일 수 있다.

입력

출판사의 에디터로서 신인 작가가 이메일로 투고한 원고를 검토한 후 출판이 어렵다는 거절의 메일을 작성해 줘.

결과

제목: [출판사 이름] 원고 투고 결과 안내

[신인 작가 성함] 님께,

안녕하세요. [출판사 이름]의 에디터 [에디터 이름]입니다. 먼저 저희 출판사에 원고를 투고해 주셔서 진심으로 감사드립니다.

저희 편집부에서 귀하의 원고를 신중하게 검토한 결과, 아쉽게도 이번에는 출판이 어렵다는 결론을 내리게 되었습니다. 이는 출판 계획, 시장 수요, 경쟁 상황 등 여러 요인을 고려한 결과입니다.

이와 같은 결정에 도달하게 된 점에 대해 깊이 사과드립니다. 다만, 이 거절은 귀하의 재능이나 노력에 대한 부정이 아님을 말씀드리고 싶습니다. 출판사의 입장에서는 현재 출판 계획에 적합하지 않다고 판단된 것일 뿐입니다.

앞으로도 계속해서 글쓰기에 열정을 쏟아주시고 다른 출판사에도 도전해 보시길 권장드립니다. 또한 향후 저희 출판사에 다른 원고로 지원하실 의향이 있으시면 언제든지 환영합니다.

다시 한번 귀하의 노력에 감사드리며, 앞으로의 글쓰기 활동에도 많은 성공과 발전이 있으시길 기원합니다.

감사합니다.

[에디터 이름]
[출판사 이름]
[이메일 주소]
[전화번호]

챗GPT가 작성한 메일의 본문을 읽어보면 군이 '정중하게' 써 달라는 요청이 없어도 충분히 예의 바르고 상황과 맥락에 맞는 표현을 사용하였음을 확인할 수 있다.

만약 다량의 메일을 받아 일일이 내용을 읽어볼 시간이 부족하다면 이 또한 챗GPT에 맡길 수 있다. 메일의 내용을 요약한 후 나의 의도와 목적을 담아 바로 답장을 쓰도록 요청해 보자.

입력

다음 제시된 이메일을 세 문장으로 요약하고, 구체적인 일정과 내용을 추후에 협의하여 조정하자는 내용의 답장을 써줘.

챗GPT 관련 강의 요청

강호동 님께,
안녕하세요, 저는 대원GSI의 생산부에서 근무하고 있는 유재석 대리입니다. 최근에 챗GPT와 관련된 기술에 큰 관심을 가지게 되어 강호동님께서 챗GPT에 대한 깊이 있는 강의를 진행해주시길 희망하게 되었습니다.
저희 부서는 챗GPT를 활용하여 업무의 효율성을 향상시키고자 합니다.. 이번 강의는 귀하의 전문 지식을 공유함으로써, 저희 팀이 이 분야에서 최신 동향을 이해하고 새로운 기술을 효과적으로 활용할 수 있게 도와줄 것으로 기대하고 있습니다.

강의에 대한 구체적인 요청 사항은 다음과 같습니다:

일시: 2023. 6. 27. (화) 10:00~12:00
참여 인원: 약 20명
강의 내용: 챗GPT에 대한 기초 개념, 최근의 발전, 실제 적용 사례, 그리고 관련 기술 동향 등 포함
강의 형태: 온라인 또는 오프라인 (협의 가능)

만약 강의를 진행해 주시기에 동의하신다면, 저희 조직에게 큰 도움이 될 것이라 확신합니다. 강호동 님의 스케줄이 어떻게 되는지 확인해 주시고, 가능한 날짜와 시간에 대해 알려주시면 감사하겠습니다. 또한 강의에 대한 비용이나 기타 필요한 사항이 있다면 함께 알려주시기 바랍니다.

강호동 님의 답변을 기다리며, 귀한 시간을 내어 주셔서 감사합니다.

결과

요약: 대원GSI의 유재석 대리님이 챗GPT에 대한 강의를 요청하였습니다. 2023년 6월 27일 10:00~12:00에 진행할 예정이며, 참여 인원은 약 20명입니다. 강의의 목적은 챗GPT 기술을 이해하고 업무 효율성을 향상시키기 위함입니다.

답장:
유재석 님께,

안녕하세요, 강의 요청에 대해 연락 주셔서 감사합니다. 제시해 주신 일정과 내용에 대해 긍정적으로 고려하겠습니다. 다만, 구체적인 일정과 강의 내용은 추후에 협의하여 조정해 나가는 것이 좋을 것 같습니다.

감사합니다.

05. 보도/홍보 자료 쓰기

챗GPT로 특정 사업이나 행사를 홍보하는 보도자료를 손쉽게 쓸 수 있다. 특히 보도자료의 경우 매체에 따라 형식이나 문체 등이 다를 수 있으므로, 기사를 요청하기 전에 예시가 될 수 있는 자료를 먼저 제공한다면 내가 원하는 바를 끌어내는 데 큰 도움이 된다.

입력

나는 언론 매체의 기자이며, 주로 학교 현장의 소식을 전하는 기사를 쓰는 일을 하고 있어. 내가 쓴 기사의 예시는 다음과 같아.

제목: 미래의 교실수업! 대구 초등 교실에서 미리 보다.
"지구 반대편, 호주 발란초등학교 친구와 함께 수업하는 대구 초등학생들!"

부제목: 대구시교육청, 대구-호주 글로벌 원격협력학습 수업 공개

기사 내용: 대구시교육청은 5.18.(금) 대구OO초등학교에서 2018학년도 대구-호주 글로벌 원격협력학습 수업을 공개하였다.

오전 10시 50분! 대구OO초등학교 5학년 2반 친구들은 우리나라와 지구의 반대편에 위치한 호주의 발란초등학교 친구들과 오늘 두 번째 만나게 된다. 첫 번째의 만남은 스크린을 통해 서로 얼굴을 익히고 서로의 이름을 소개하는 공부를 함께 하였다.
이번 수업은 호주 친구들과 함께하는…

(중략)

지금부터 아래 내용이 포함된 기사를 쓸 거야. 글의 형식이나 어조는 위에 제시된 기사와 비슷하게 맞춰서 써줘.
- 학교명: 대구동일초등학교
- 사업명: 국제교류

- 상대학교: 광저우 한국학교
- 프로젝트명: 위대한 유산
- 프로젝트 내용: 일제 강점기 시대 대한민국 임시정부를 수립하여 나라의 독립을 위해 힘썼던 분들의 업적을 조사하여 웹툰으로 나타내기
- 프로젝트의 취지와 목적: 대한민국 임시정부가 있던 곳인 광저우에 현재 살고 있는 한국 학생들과의 글로벌 프로젝트 활동을 통해 우리 선조들의 삶의 태도를 본받음
- 특이 사항: '제시의 일기'라는 책을 함께 읽고 그 시대의 상황을 좀 더 입체적으로 알아봄. 임시정부가 광저우에 있던 1938년부터 씌어진 육아일기로서 독립운동가 양우조와 최선화 부부가 썼음.
- 프로젝트의 의의: 우리 나라 학생들에게 일제 강점기와 독립운동, 대한민국 임시 정부 등은 사회책에서 잠깐 스쳐 지나가는 용어였다면, 이번 위대한 유산 프로젝트를 통해 그들의 발자취가 현재 우리의 삶에 어떤 영향을 미쳤는지 반추해 보는 기회가 됨.

결과

제목: 대구동일초등학교의 국제 교류 프로젝트! 광저우 한국학교와 함께하는 '위대한 유산'

부제목: 대한민국 임시정부의 발자취를 따라가는 글로벌 프로젝트, 웹툰으로 이어진 역사 이야기

기사 내용: 대구동일초등학교는 최근 광저우 한국학교와 함께하는 국제교류 프로젝트 '위대한 유산'을 진행하였다. 이 프로젝트는 일제 강점기 시대 대한민국 임시정부를 수립하여 나라의 독립을 위해 힘썼던 분들의 업적을 조사하여 웹툰으로 나타내는 것을 목표로 하였다.

대한민국 임시정부가 있던 곳인 광저우에 현재 살고 있는 한국 학생들과의 글로벌 프로젝트 활동을 통해 우리 선조들의 삶의 태도를 본받는 것이 프로젝트의 취지와 목적이다. 특이하게도 이 프로젝트에서는 '제시의 일기'라는 책을 함께 읽고 그 시대의 상황을 좀 더 입체적으로 알아보았다. 이 책은 임시정부가 광저우에 있던 1938년부터 씌어진 육아일기로서 독립운동가 양우조와 최선화 부부가 썼다.

우리 나라 학생들에게 일제 강점기와 독립운동, 대한민국 임시 정부 등은 사회책에서 잠깐 스쳐 지나가는 용어였다면, 이번 위대한 유산 프로젝트를 통해 그들의 삶과 희생에 대한 이해를 높이

고, 현재의 우리가 자유롭게 살 수 있는 것이 그들의 희생 덕분임을 깊이 이해하게 되었다. 이를 바탕으로 각 나라의 학생들은 웹툰 작업에 착수하여 각각의 인물과 역사적 사건들을 그림과 함께 생생하게 전달할 수 있었다.

작성된 웹툰은 각 학교의 웹사이트와 SNS를 통해 공개되어 한국과 중국의 학생들 및 교사들이나 다른 사람들도 함께 볼 수 있게 되었다. 또한 프로젝트 참여 학생들은 작품 전시회를 통해 웹툰 작품을 선보였다. 이를 통해 관람객들은 우리나라의 역사를 재미있게 이해할 수 있었다.

대구동일초등학교와 광저우 한국학교가 함께한 '위대한 유산' 프로젝트는 역사 교육의 새로운 방식을 제시하며 국제 교류 사업의 좋은 사례로 남았다. 학생들은 이 프로젝트를 통해 역사에 대한 자부심과 애국심을 높이고, 글로벌 소통 능력을 길러 미래 세대의 글로벌 시민으로 성장할 수 있는 기회를 얻었다. 이러한 국제 교류 프로젝트는 앞으로도 계속되어 더 많은 학생들이 서로의 문화와 역사를 이해하며 글로벌 인재로 성장할 수 있기를 기대한다.

같은 방식으로 홍보 자료를 만들 수도 있다. 대학원 홈페이지에 제시된 각 전공별 안내 문구를 활용하여 신입생 유치를 위한 홍보 자료를 만들어 보자.

입력

아래 내용으로 대학원 입학을 독려하는 홍보 자료를 만들어줘.

OO교육대학교 국제교육(IB) 전공은 국제적 마인드(Global Mindedness)를 함양한 학습자 양성을 목표로 우리 교육과정이 지향하는 학습자 주도성(Learner Agency), 개념 기반 교육과정(Concept-based Curriculum), 탐구 학습(Inquiry Learning)의 핵심 요소를 포함하는 국제 바칼로레아(IB) 프레임워크(Framework)를 연구하고, 이를 초등학교 현장에서 체계적으로 적용, 실천해 가는 교수 역량을 함양하는 데 그 목적을 둔다. …(이하 생략)

결과

제목: OO대학교 국제교육(IB) 전공으로 교육의 미래를 만들다

OO교육대학교에서 글로벌 교육자로서의 가능성을 열어보세요! 글로벌 사고 방식으로 교육자를 지원하고 학습의 미래를 변화시키도록 설계된 국제 교육(IB) 전공에 참여하세요.

우리 프로그램을 독특하게 만드는 것은 무엇입니까?

1. 포괄적인 커리큘럼: 우리 프로그램은 학습자 기관, 개념 기반 커리큘럼 및 탐구 학습에 중점을 두어 졸업생들이 현대 교육 환경에서 탁월한 능력을 발휘하는 데 필요한 지식과 기술을 갖추도록 합니다.
2. IB(International Baccalaureate) 프레임워크: IB 프레임워크에 내장된 탐구 학습의 핵심 요소를 연구하고 체계적으로 적용하여 교수 능력을 개발하고 초등학교 현장에서 지속적인 영향을 미치게 됩니다.
(이하 생략)

비전 있는 교육자가 될 수 있는 이 기회를 놓치지 마십시오. 지금 지원하여 교육의 미래를 만들어가는 OO대학교 국제교육(IB)전공으로의 여정을 시작하세요!

06. 보고서 초안 작성 및 검토하기

일을 하면서 생기는 각종 문서들의 내용을 구성하고, 그 결과가 적절한지 챗GPT에 물어볼 수 있다. 같은 부서에서 일을 하더라도 각자 자신의 일을 하느라 바쁜 상황에서는 챗GPT가 언제 어디서든 조언을 받을 수 있는 좋은 동료가 될 수 있다.

입력

요즘 커피숍이 우후죽순 생겨나면서 우리 가맹점의 매출 이익이 줄어들고 있어. 최신 트렌드를 반영한 신제품을 개발해야 하는데 어떤 메뉴가 좋을지 제안하는 보고서 초안을 작성해 줘.

결과

제목: 제휴 커피숍을 위한 새로운 트렌디 메뉴 개발

소개: 커피 전문점의 증가는 경쟁 심화와 계열사의 매출 감소로 이어졌습니다. 시장점유율을 되찾고 이익을 늘리기 위해서는 최신 트렌드를 반영한 신제품 개발과 고객 유치가 중요합니다. 본 보고서는 이러한 목표를 달성하기 위해 제휴 커피숍에 도입할 수 있는 잠재적인 메뉴 항목을 제안합니다.

현재 시장 동향:

1. 건강에 대한 의식: 소비자는 건강에 대한 의식이 높아지고 칼로리, 설탕, 인공 성분이 적은 음료와 스낵을 찾고 있습니다.
2. 식물 기반 대안: 더 많은 사람들이 식단에서 동물성 제품을 줄이거나 제거하기로 선택함에 따라 식물 기반 및 비건 옵션에 대한 수요가 증가하고 있습니다.
3. 스페셜티 음료: 푸어오버 커피, 콜드브루, 장인의 차 블렌드와 같은 스페셜티 커피 및 차 음료는 독특한 맛과 양조 기술에 감사하는 안목 있는 고객 사이에서 인기를 얻고 있습니다.
4. 세계적 풍미: 세계화가 계속됨에 따라 고객은 전 세계의 새롭고 이국적인 풍미를 시도하는 데 점점 더 관심을 기울이고 있습니다.

제안된 메뉴 항목:

1. 건강에 초점을 맞춘 음료: 슈퍼푸드(예: 케일, 아사이 또는 치아씨드)가 포함된 스무디, 냉압착 주스, 무설탕 또는 저당 커피 및 차 옵션과 같은 건강에 초점을 맞춘 음료 라인을 소개합니다.
2. 식물 기반 옵션: 커피 음료(예: 아몬드, 콩, 귀리 또는 코코넛 밀크) 및 식물성 단백질 바 또는 비건 페이스트리와 같은 비건 스낵을 위한 다양한 식물성 우유 대안을 제공합니다.

(이하 생략)

결론:

가맹점은 최신 시장 트렌드에 맞는 신메뉴를 선보임으로써 더 많은 고객층을 확보하고 판매 수익을 높일 수 있습니다. 시장 동향을 지속적으로 모니터링하고 이에 따라 메뉴를 조정함으로써 급변하는 커피숍 환경에서 계열사가 경쟁력을 유지할 수 있습니다.

저자는 이 책을 쓰면서 목차를 구성할 때 챗GPT에 다음과 같이 검토를 요청하기도 하였다.

입력

챗GPT의 세부 활용법에 대한 실용적인 책을 쓰려고 하는데 내가 작성한 목차가 어떤지 한번 봐 줄래?

1. 챗GPT, 넌 누구니?
2. 사용법: 챗GPT 3분 만에 마스터하기
3. 업무활용편: 챗GPT로 퇴근시간 앞당기기
4. N잡러편: 챗GPT로 콘텐츠에 날개 달기
5. 일상생활편: 나 챗GPT 하는 사람이야!
6. 학교편: 챗GPT를 보조교사로!
7. 챗GPT와 어울리는 AI 도구들

결과

이 목차는 챗GPT를 활용하는 방법에 대한 다양한 측면을 다루고 있어서 흥미로워 보입니다. 목차의 구성이 큰 틀에서는 다양한 사용자 그룹(업무, 취미, 일상, 교육 등)을 고려하여 제안되었고, 매우 실용적인 내용들로 이루어져 있어 유용하게 활용될 수 있을 것 같습니다. 다만 세부 내용이나 목차 각 항목의 구체적인 내용이 어떻게 담길지에 대한 정보가 없기 때문에 이 부분이 좀 더 구체화된다면 독자들에게 더욱 매력적인 책이 될 것입니다.

이제 챗GPT를 사용하며 꼬리에 꼬리를 무는 질문은 기본이라는 것을 잘 알고 있을 것이다. 세부 내용이나 목차의 구체적인 내용을 입력해 보았다.

입력

챕터별 세부 목차는 다음과 같아. 괜찮을 것 같니?

1. 챗GPT, 넌 누구니?

챗GPT란? (챗GPT와의 인터뷰 형식으로 소개)

챗GPT랑 나랑 무슨 상관이야?

2. 사용법: 챗GPT 3분 만에 마스터하기

회원 가입하기

둘러보기

질문 만들기

유·무료 계정 차이, 유료 결제하기

결과

챕터별 세부 목차가 매우 구체적이고 전체적으로 실용적인 내용으로 구성되어 있습니다. 다양한 분야에서 챗GPT를 활용하는 방법을 다루고 있고, 각 분야별로 구체적인 활용 예시도 다루고 있어 독자들이 쉽게 따라할 수 있을 것 같습니다. 또한 챗GPT와 함께 사용할 수 있는 다른 AI 도구들도 소개하고 있어, 독자들에게 더 많은 옵션을 제공할 수 있을 것 같습니다. 전반적으로 좋은 목차라고 생각합니다.

사람이 아닌 인공지능이지만 이렇게 얘기해 주니 왠지 마음이 놓인다. 이렇게 챗GPT로부터 계획서나 보고서 등의 초안을 받아 이를 확인하고 수정한 후, 다시 챗GPT에 검토를 요청하는 선순환 과정을 거치면 처음부터 내가 직접 작성하는 것보다 훨씬 업무의 효율성을 높일 수 있을 것이다.

07. PPT 초안 작성하기

보고서를 잘 쓰는 것만큼이나 이를 효과적으로 전달하는 프레젠테이션을 제작하는 것도 업무에서 중요한 한 부분이다. 슬라이드를 한 장씩 공들여 만들다 보면 어느새 퇴근 시간이 홀쩍 지나가게 마련인데, 챗GPT의 도움을 받으면 중요한 키워드만 뽑아서 내용을 금방 구성할 수 있다.

앞서 커피숍 신제품 개발을 위해 작성한 보고서를 활용하여 PPT 초안을 만들어 보자.

입력

아래의 보고서 내용으로 직장 상사에게 설명할 프레젠테이션 자료를 만들 거야. 보고서 내용이 일목요연하게 들어가도록 슬라이드별로 들어갈 문구를 만들어줘.

제목: 제휴 커피숍을 위한 새로운 트렌디 메뉴 개발
소개: 커피 전문점의 증가는 경쟁 심화와 계열사의 매출 감소로 이어졌습니다.
(이하 내용 생략)

결과

슬라이드 1: 제목
- 제휴 커피숍을 위한 새로운 트렌디 메뉴 개발

슬라이드 2: 서론
- 경쟁 심화와 판매 이익 감소
- 목표: 고객을 끌어들이는 새롭고 트렌디한 제품 개발

슬라이드 3: 현재 시장 트렌드
- 건강 의식
- 식물 기반 대체품
- 전문 음료
- 세계적인 맛

슬라이드 4: 건강 중심 음료
- 슈퍼푸드가 들어간 스무디

- 착즙 주스

- 설탕이 없거나 낮은 커피와 차 옵션

(이하 생략)

슬라이드 9: 결론

- 트렌디한 메뉴 항목으로 고객을 끌어들이기

- 시장 트렌드를 모니터링하고 메뉴를 조정하기

- 제휴사가 경쟁력을 유지할 수 있도록 보장하기

08. 텍스트에 마법 불어넣기

8-1 표

입력

GPT가 무엇인지 쉽게 설명해 줘.

결과

GPT는 "Generative Pre-trained Transformer"의 약자로, 인공지능(AI) 분야에서 사용되는 자연어 처리(NLP) 모델입니다. 이 모델은 대량의 텍스트 데이터를 학습하여 문장 생성, 번역, 요약 등 다양한 언어 작업을 수행할 수 있습니다. GPT는 "Transformer"라는 구조를 사용해 학습하고, 이를 통해 효과적으로 문맥을 파악하고 맥락에 맞는 문장을 생성할 수 있습니다.

입력

방금 한 설명을 표로 나타내줘.

결과

항목	설명
GPT	Generative Pre-trained Transformer
분야	인공지능 (AI), 자연어 처리 (NLP)
주요 기능	문장 생성, 번역, 요약 등
학습 데이터	대량의 텍스트 데이터
학습 구조	Transformer
주요 특징	문맥 파악 및 맥락에 맞는 문장 생성 가능

8-2 넘버링

입력

GPT를 설명한 표에서 항목 앞에 열을 만든 후 번호를 추가해 줘.

결과

번호	항목	설명
1	GPT	Generative Pre-trained Transformer
2	분야	인공지능 (AI), 자연어 처리 (NLP)
3	주요 기능	문장 생성, 번역, 요약 등
4	학습 데이터	대량의 텍스트 데이터
5	학습 구조	Transformer
6	주요 특징	문맥 파악 및 맥락에 맞는 문장 생성 가능

8-3 글머리 기호

입력

GPT에 대한 설명을 요약 정리하되, 글머리 기호를 사용하여 항목별로 작성해 줘.

결과

- GPT: Generative Pre-trained Transformer
- 자연어 처리(NLP) 모델: 문장 생성, 번역, 요약 등 언어 작업 수행
- Transformer 구조: 문맥 파악 및 맥락에 맞는 문장 생성 가능

8-4 체크리스트, 빈칸, 괄호

① 체크리스트

입력

나는 평일에는 KT에서 휴대폰 가입을 위해 제출한 고객 서류의 이상 유무를 점검하는 일을 하고 주말에는 모래놀이 상담을 해. 평일 저녁에는 대학원 수업을 듣는데 중간고사가 코앞이라 해야 할 일이 너무 많아서 무엇을 먼저 해야 할지 잘 모르겠어. 내가 해야 할 일을 빠뜨리지 않고 매일 하고 있는지 점검할 수 있는 체크리스트를 만들어줘. 내가 매일 체크할 수 있도록 항목 맨 앞에 체크박스도 함께 넣어줘.

결과

체크리스트를 작성해드리겠습니다. 이 리스트를 사용하여 매일 해야 할 일을 확인하고 완료 여부를 체크할 수 있습니다.

[ ] 평일: KT 휴대폰 가입 서류 이상 유무 점검

[ ] 주말: 모래놀이 상담

[ ] 평일 저녁: 대학원 수업 참여

[ ] 중간고사 공부 계획 세우기

[ ] 중간고사 공부 진행

[ ] 필요한 과제 및 프로젝트 확인 및 진행

(이하 생략)

위 체크리스트를 매일 확인하며 체크박스에 표시하여 해야 할 일을 관리할 수 있습니다. 필요에 따라 항목을 추가하거나 수정할 수 있습니다. 이 체크리스트를 사용하여 일과 공부를 계획적으로 진행하시길 바랍니다.

❷ 빈칸

입력

5세 어린이를 대상으로 모래놀이 상담을 하게 되었어. 부모님께 기초 자료를 받으려고 하는데 가족 관계(조부모 포함)와 양육 환경, 현재 우려하는 점과 개선되기를 바라는 점 등이 포함된 기초 자료 양식을 만들어줘. 단, 부모님께서 각 항목별로 적을 수 있는 빈칸도 함께 만들어줘.

결과

[모래 놀이 상담 기초 자료]

1. 가족 관계:
● 부모님의 이름: _____
● 어머니/아버지의 직업: _____
● 조부모님의 이름: _____
● 형제/자매의 이름과 나이: _____

2. 양육 환경:

● 현재 어떤 환경에서 자라고 있는지: _____

● 양육 방식은 어떤 방식으로 이루어지고 있는지: _____

● 일주일에 얼마나 자주 외출하거나 놀러다니는지: _____

3. 아이와 가족들과의 관계:

● 가족들과 어떻게 지내고 있는지: _____

● 부모님과의 관계는 어떤지: _____

● 형제/자매와의 관계는 어떤지: _____

4. 성격과 식사 및 수면 상태:

● 아이의 성격: _____

(이하 생략)

❸ 괄호

입력

8세 어린이를 대상으로 모래놀이 상담을 시작하기 전에 문장 완성형 검사를 하려고 해. 어린이의 심리 상태를 파악할 수 있도록 문항을 구성해 줘. 단, 어린이가 적어야 하는 부분은 괄호로 표시하여 비워줘.

결과

8세 어린이를 대상으로 하는 문장 완성형 검사를 작성해 드리겠습니다. 아래 문항을 사용하여 어린이의 심리 상태를 파악할 수 있습니다. 어린이가 작성해야 하는 부분은 괄호로 표시되어 있습니다.

1. 내가 가장 좋아하는 놀이는 (_____) 입니다.

2. 가족과 함께 할 때 가장 행복한 순간은 (_____) 일 때입니다.

3. 친구들과 놀 때 가장 즐거운 것은 (_____) 입니다.

4. 나는 (_____) 때 슬프게 느낍니다.

5. 학교에서 가장 좋아하는 과목은 (_____) 입니다.

(이하 생략)

이 문항을 사용하여 어린이의 심리 상태를 파악할 수 있습니다. 어린이의 대답을 바탕으로 상담을 진행하시기 바랍니다. 필요한 경우 문항을 추가하거나 수정하여 어린이에게 적합한 검사를 구성할 수 있습니다.

8-5 이모지

입력

앞서 만든 문장 완성형 검사에서 어린이가 문장의 뜻을 잘 이해하고 재미있게 참여할 수 있도록 각각의 문장 끝에 내용과 관련 있는 이모지를 넣어줘.

결과

1. 내가 가장 좋아하는 놀이는 (_____) 입니다. 🧩

2. 가족과 함께 할 때 가장 행복한 순간은 (_____) 일 때입니다. 👨‍👩‍👧

3. 친구들과 놀 때 가장 즐거운 것은 (_____) 입니다. 👫

4. 나는 (_____) 때 슬프게 느낍니다. ☹️

5. 학교에서 가장 좋아하는 과목은 (_____) 입니다. 📚

(이하 생략)

09. 엑셀과 구글 시트 달인 아닌 달인되기

저자는 코딩만큼 엑셀이나 구글 스프레드시트 함수에도 문외한이다. 가장 기본적인 SUM 이나 AVERAGE 정도 손쉽게 쓸 수 있을까? IF나 COUNTA 등 셀 안에 들어가는 내용이 길어 지면 그때부터 머리가 아파지기 시작한다. 그러나 코딩을 몰라도 챗GPT가 있으면 코드를 짤 수 있듯이 엑셀이나 구글 스프레드시트에서 내가 원하는 기능을 가진 함수를 챗GPT에 물어 보면 생각보다 쉽고 빠르게 해당 기능을 찾아 쓸 수 있다.

9-1　성과 이름 분리하기

저자는 현재 근무하는 학교에서 구 글 워크스페이스 최고관리자 역할을 맡고 있다. 신학기가 되면 2월에 400 명이 넘는 학생들의 구글 학교 계정을 새로 만들어야 한다. 물론 관리 콘솔 에서 사용자 일괄 업데이트 기능을 사 용하면 다수의 계정을 빠르게 생성할 수 있지만, 일괄 업데이트 기능을 사용

[그림 5-1] 구글 워크스페이스 관리 콘솔에서 제공하는 CSV 파일 예시

하기 위해 작성하는 CSV 파일에는 그림의 A와 B열처럼 항상 성과 이름을 분리하도록 되어 있다.

계정을 생성하기 위해 CSV 파일을 업로드하는 시간보다 전교생의 성과 이름을 손수 분리 하여 적는 시간이 더 많이 들었다. 그러다 문득, 이 작업을 쉽게 할 수 있는 방법이 있지 않을 까? 하는 생각이 들어 챗GPT에 물어보았다.

입력

난 내일까지 450명의 구글 워크스페이스 계정을 만들어야 해. 일괄 업로드 CSV 파일을 만들어야 하는데 성이랑 이름을 분리해서 넣어야 하므로 시간이 두 배로 걸려. 구글 스프레드시트에서 성과 이름을 분리하는 가장 쉬운 방법을 알려줘.

결과

구글 스프레드시트에서 이름과 성을 분리하는 가장 쉬운 방법은 아래와 같습니다:

1. 전체 이름이 입력된 열을 선택합니다.
2. "데이터" 메뉴에서 "분할 열"을 선택합니다.
3. 구분자를 선택하고, 이름과 성을 분리할 수 있는 구분자를 입력합니다. (예를 들어, 공백, 콤마 등)
4. 새로운 열이 생성되고, 이름과 성이 각각 분리되어 입력됩니다.
5. 필요에 따라, 열 이름을 변경하여 편하게 사용할 수 있습니다.
6. 마지막으로, 저장할 CSV 파일을 생성하시면 됩니다.

위의 방법을 수행하면, 구글 스프레드시트에서 이름과 성을 분리할 수 있습니다. 이를 통해, 내일까지 450명의 구글 워크스페이스 계정을 만들기 위한 CSV 파일을 생성할 수 있습니다.

구글 스프레드시트의 데이터 메뉴에 실제로 분할 열이라는 이름의 항목은 없지만 '텍스트를 열로 분할'하는 기능이 있어 이를 사용해 보았다. 챗GPT가 알려준 구분자 대신 '구분선'이라는 용어를 사용하는데, 내가 갖고 있는 학반별 명렬에는 성과 이름 사이에 공백이나 콤마가 없는 것이 문제다. 잘못 나온 결과에는 꼬리에 꼬리를 무는 질문이 필요하다.

입력

내가 가진 명렬에는 성과 이름 사이에 띄어쓰기가 없어. 네가 제안한 것은 성과 이름 사이에 띄어쓰기나 콤마가 있는 경우에만 작동하거든.

이 경우에는, 구글 스프레드시트에서 'LEFT' 함수와 'RIGHT' 함수를 사용하여 셀의 내용을 검색하고 수정할 수 있습니다.

LEFT 함수를 사용하면 셀의 내용의 왼쪽 부분을 지정한 길이만큼 가져올 수 있습니다.
RIGHT 함수를 사용하면 셀의 내용의 오른쪽 부분을 지정한 길이만큼 가져올 수 있습니다.

예를 들어, 학생의 이름이 'JohnDoe'라면, 'LEFT(A2, 4)'를 사용하여 'John'을 가져오고, 'RIGHT(A2, 3)'을 사용하여 'Doe'를 가져올 수 있습니다. 이 기능을 사용하여 열을 만들어 각 학생의 이름과 성을 분리할 수 있습니다.

구글 스프레드시트에 LEFT와 RIGHT라는 이름의 함수가 있다는 것을 처음 알았다. 몇 번의 간단한 테스트 결과 J2열에 전체 이름이 기재된 경우 성은 =LEFT(J2), 이름은 =RIGHT(J2, 2)임을 알게 되었다. 챗GPT와 이 함수 덕분에 계정 생성 시간이 1/10로 줄었다.

9-2 휴대전화 번호 양식 통일하기

각종 행사 참여 신청이나 설문 시 휴대전화 번호를 수집할 때가 있다. 문항에 '010-1234-5678'의 형태로 입력해 달라고 기재해 두어도 결과는 천차만별인 경우가 많다. 이럴 때 함수를 이용하면 휴대전화 번호 양식을 내가 원하는 대로 통일할 수 있지 않을까?

구글 설문지로 응답받은 휴대전화 번호 데이터를 구글 스프레드시트로 연동했는데 번호 형식이 달라서 보기 불편해. 휴대전화 번호의 형식을 OOO-OOOO-OOOO으로 가운데 -를 넣어서 통일하는 함수를 알려줘.

결과

구글 스프레드시트에서 휴대전화 번호 형식을 OOO-OOOO-OOOO로 통합하려면 다음 수식을 사용할 수 있습니다.

=TEXT(LEFT(A1, 3), "000") & "-" & TEXT(MID(A1, 4, 4), "0000") & "-" & TEXT(RIGHT(A1, 4), "0000")

'A1'을 전화번호가 포함된 셀 참조로 바꿉니다. 이 수식은 전화번호가 구분 기호 없이 11자리라고 가정합니다.

LEFT, MID, RIGHT 함수는 전화번호의 서로 다른 부분을 추출하고 TEXT 함수는 원하는 패턴으로 부분을 포맷하는 데 사용됩니다. 마지막으로 '&' 연산자는 형식이 지정된 부분을 하이픈과 결합합니다.

길어서 복잡해 보이지만 원리는 간단하다. 입력된 휴대전화 번호가 11자리라고 했을 때, 번호가 적힌 셀(A1)의 데이터를 왼쪽에서 세 자리, 가운데 네 자리, 오른쪽에서 네 자리로 분리한 후 중간에 하이픈을 넣는 함수이다. 이런 함수를 내가 셀에 일일이 입력하는 것은 어렵지만, 챗GPT가 써준 함수를 복사 - 붙여넣기 하는 건 누구나 할 수 있다.

그럼 반대의 경우도 필요하지 않을까?

입력

그렇다면 만약 하이픈이 있는 OOO-OOOO-OOOO 형태의 휴대전화 번호 양식을 하이픈이 없는 OOOOOOOOOOO 형태로 바꾸려면 어떻게 해야 하는지 알려줘.

결과

구글 스프레드시트에서 휴대전화 번호 형식을 하이픈이 있는 OOO-OOOO-OOOO에서 하이픈이 없는 00000000000로 변경하려면 다음 수식을 사용할 수 있습니다.

=SUBSTITUTE(A1, “-”, “”)

‘A1’을 하이픈이 있는 전화번호가 포함된 셀 참조로 바꿉니다. SUBSTITUTE 함수는 하이픈을 빈 문자열로 바꾸어 하이픈을 제거합니다. 결과는 하이픈이 없는 00000000000 형식의 전화번호입니다.

그럼 이제 두 가지 함수가 모두 제대로 작동하는지 확인해 보자!

B2 fx =SUBSTITUTE(A2, "-", "")

	A	B	C
1	수집된 휴대전화번호	- 삭제	- 추가
2	010-1234-5678	01012345678	010-1234-5678

C2 fx =TEXT(LEFT(B2, 3), "000") & "-" & TEXT(MID(B2, 4, 4), "0000") & "-" & TEXT(RIGHT(B2, 4), "0000")

	A	B	C	D	E
1	수집된 휴대전화번호	- 삭제	- 추가		
2	010-1234-5678	01012345678	010-1234-5678		

[그림 5-2] 수집된 휴대폰 번호에서 - 삭제/추가한 결과

9-3 사용자 지정 함수 만들기

엑셀과 구글 스프레드시트를 사용하다 보면 내가 원하는 기능이 기존 함수에 없는 경우도 발생한다. 이럴 때 엑셀은 VBA를, 구글 스프레드시트는 GAS를 사용하여 내가 원하는 함수를 만들 수 있다.

VBA는 Visual Basic for Applicaiton의 줄임말로서, 마이크로소프트사에서 제공하는 프로그래밍 언어이다. 엑셀뿐만 아니라 파워포인트, 워드와 같은 응용 프로그램을 위한 언어이

며, 사용자가 원하는 기능을 프로그래밍 언어를 통해 개발할 수 있는 도구이다. GAS는 Google Apps Script의 줄임말로서, 구글에서 제공하는 프로그래밍 언어이며 VBA처럼 사용자가 원하는 기능을 구현할 수 있다. 정리하자면 VBA와 GAS 모두 사용자 지정 함수를 만들 수 있다는 공통점이 있다.

지금까지 설명한 내용만 읽어도 머리가 지끈거리기 시작할 것이다. 그러나 실망할 필요는 없다. 솔직히 고백하자면 저자는 이 글을 쓰면서 VBA라는 것을 챗GPT에 방금 처음 들었다. 하지만 GAS를 활용하여 구현했던 기능을 챗GPT의 도움으로 단 몇 분 만에 VBA로도 구현할 수 있었다.

학교에서는 12월 말부터 다음 학년도 교육과정 운영을 위한 계획 수립을 시작한다. 저자 또한 초등학교에서 교육연구부장을 맡고 있어 매년 이런 작업을 수행하고 있다. 연간 수업일수부터 학년별 시간 배당까지 엑셀이나 구글 스프레드시트를 사용하면 직접 계산을 하지 않고도 함수를 사용하여 편리하게 결과를 확인할 수 있다.

그런데 매번 다음 학년도 연간 교육과정 시간 운영 파일을 새롭게 작성할 때마다 주당 수업일수를 수동으로 입력하는 것이 불편했다. 연간 수업일수 합계는 SUM 함수를 사용하면 쉽게 구할 수 있지만, 매주 수업일수는 공휴일이나 재량 휴업일, 방학 등에 따라 달라지므로 일일이 센 후 정확하게 입력해야 한다. 간단한 일처럼 보이지만 없던 재량 휴업일이 새로 생기거나 방학이 하루 이틀 미뤄지는 경우, 수업일수에 제대로 반영하지 않으면 자칫 전교생이 하루를 더 등교하거나 법정 수업일수에 미치지 못하는 등 큰 문제가 발생할 수 있다.

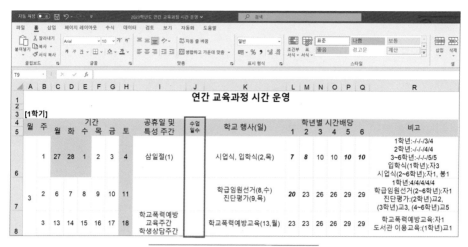

[그림 5-3] 엑셀로 작성한 연간 교육과정 시간 운영표

　혹시 공휴일이나 주말, 방학 기간으로 표시되지 않은 흰색 셀의 개수를 세어서 알려주는 함수가 있지 않을까? 챗GPT에 물어보았다.

입력

엑셀에서 내가 원하는 범위 내 특정 색깔이 칠해진 셀의 개수를 셀 수 있는 방법을 알려줘.

결과

아쉽게도 Excel에는 범위 내 특정 색상의 셀 수를 계산하는 기본 제공 함수가 없습니다. 그러나 이를 달성하기 위해 VBA(Visual Basic for Applications)를 사용하여 사용자 지정 함수를 만들 수 있습니다.

　답변의 첫 문단부터 내용이 심상치 않다. 생전 처음 들어본 VBA를 사용해 보라고 하니 몹시 당황스럽지만 일단 단계가 있으니 천천히 따라가 보자.

결과

다음 단계에 따라 특정 색상의 셀 수를 계산하는 사용자 지정 함수를 만듭니다.

1. 'ALT + F11'을 눌러 VBA(Visual Basic for Applications) 편집기를 엽니다.
2. 삽입 〉 모듈을 클릭하여 새 모듈을 삽입하십시오.

실제로 아래와 같이 VBA 편집기 창이 열리며 챗GPT가 알려준 삽입 - 모듈 메뉴를 찾을 수 있었다.

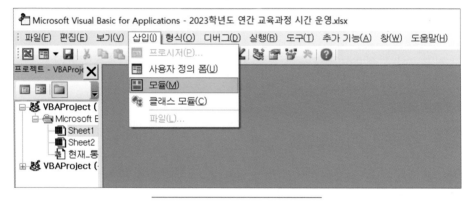

[그림 5-4] VBA 편집기 - 삽입 - 모듈 메뉴

결과

다음 단계에 따라 특정 색상의 셀 수를 계산하는 사용자 지정 함수를 만듭니다.

3. 다음 VBA 코드를 복사하여 모듈에 붙여 넣습니다.

```vba
                                                              Copy code
Function CountColorCells(rng As Range, color As Range) As Long
    Dim cell As Range
    Dim count As Long

    count = 0
    For Each cell In rng
        If cell.Interior.Color = color.Interior.Color Then
            count = count + 1
        End If
    Next cell

    CountColorCells = count
End Function
```

챗GPT가 알려준 코드는 드래그해서 복사를 해도 되지만 오른쪽 상단의 Copy code 메뉴를 활용하여 손쉽게 통째로 복사할 수 있다.

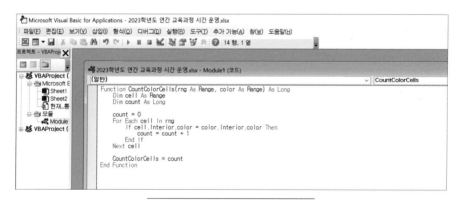

[그림 5-5] 챗GPT가 알려준 VBA 코드를 복사하여 모듈에 붙여 넣은 결과

결과

4. 'CTRL+S'를 눌러 통합 문서를 저장합니다.

5. VBA 편집기를 닫습니다.

위기가 찾아왔다. 챗GPT가 알려준 대로 CTRL+S를 클릭한 순간 아래와 같은 팝업창이 나타났다.

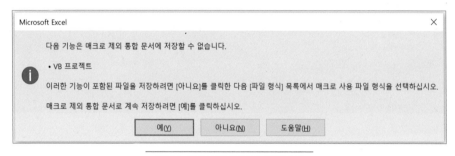

[그림 5-6] 모듈 저장 단계에서 발생한 오류

챗GPT가 알려준 방법을 따라 하다가 이런 오류가 발생하더라도 걱정할 필요는 없다. 해당 내용을 복사해서 챗GPT에 다시 물어보면 되기 때문이다.

입력

4번 통합 문서를 저장하면서 다음과 같은 팝업창이 나타났어. 어떻게 조치해야 할지 알려줘.

다음 기능은 매크로 제외 통합 문서에 저장할 수 없습니다.

이러한 기능이 포함된 파일을 저장하려면 [아니요]를 클릭한 다음 [파일 형식] 목록에서 매크로 사용 파일 형식을 선택하십시오.

매크로 제외 통합 문서로 계속 저장하려면 [예]를 클릭하십시오.

결과

팝업창은 VBA 코드(매크로)가 포함된 통합 문서를 매크로가 지원되지 않는 파일 형식(.xlsx)으로 저장하려고 하기 때문에 발생합니다. 통합 문서를 VBA 코드로 저장하려면 매크로 사용 통합 문서(.xlsm)로 저장해야 합니다.

수행해야 할 작업은 다음과 같습니다.

1. 팝업 창에서 "아니오"를 클릭하여 닫습니다.
2. "파일" 〉 "다른 이름으로 저장"을 클릭하거나 F12를 눌러 "다른 이름으로 저장" 대화 상자를 엽니다.
3. 파일을 저장할 위치를 선택합니다.
4. "파일 이름" 필드에 통합 문서의 이름을 입력합니다.
5. "파일 형식" 드롭다운 목록에서 "Excel 매크로 사용 통합 문서(*.xlsm)"를 선택합니다.

"저장"을 클릭하여 VBA 코드가 포함된 통합 문서를 매크로 지원 파일 형식으로 저장합니다.

이제 통합 문서가 매크로 사용 통합 문서로 저장되며 이전에 생성한 사용자 지정 VBA 함수를 문제 없이 사용할 수 있습니다.

오류가 발생한 이유를 친절하게 설명해 주며 이를 해결하기 위한 작업을 다시 순서대로 알려주었다. 실제로 1번의 '아니오'를 클릭한 순간 2번의 '다른 이름으로 저장' 대화 상자가 자동으로 열리면서 3번을 진행할 수 있게 되었다.

[그림 5-7] 다른 이름으로 저장 - 파일 형식 - Excel 매크로 사용 통합 문서 선택

3~6번을 차례대로 진행한 결과 지정된 위치에 xlsm이라는 확장자명을 가진 매크로 사용 워크시트 형식의 엑셀 파일을 확인할 수 있었다.

[그림 5-8] 파일 선택 - 마우스 우클릭 - 속성 확인 결과

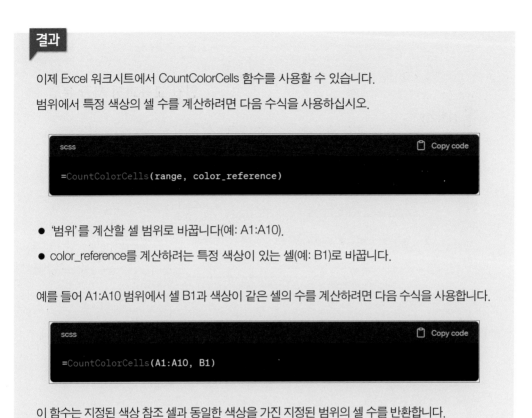

결과

이제 Excel 워크시트에서 CountColorCells 함수를 사용할 수 있습니다.

범위에서 특정 색상의 셀 수를 계산하려면 다음 수식을 사용하십시오.

```scss
=CountColorCells(range, color_reference)
```

- '범위'를 계산할 셀 범위로 바꿉니다(예: A1:A10).
- color_reference를 계산하려는 특정 색상이 있는 셀(예: B1)로 바꿉니다.

예를 들어 A1:A10 범위에서 셀 B1과 색상이 같은 셀의 수를 계산하려면 다음 수식을 사용합니다.

```scss
=CountColorCells(A1:A10, B1)
```

이 함수는 지정된 색상 참조 셀과 동일한 색상을 가진 지정된 범위의 셀 수를 반환합니다.

VBA를 활용하여 CountColorCells이라는 다소 긴 이름의 함수를 새롭게 정의한 것을 확인할 수 있으며, 구체적으로 어떻게 사용하는지 예시까지 제공하며 설명해 주었다. 이 내용을 엑셀의 원하는 셀에 적용해 보자. 3월 첫 주에 해당하는 C6~G6셀을 범위로 지정한 후, 등교일인 3월 2일 목요일에 해당하는 F6셀과 동일한 색상을 가진 셀의 개수를 세도록 입력하였다.

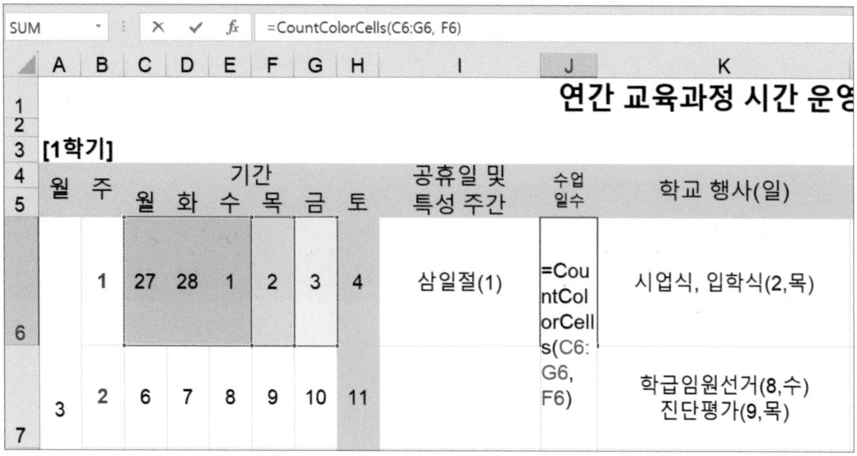

[그림 5-9] 챗GPT의 예시를 참고하여 CountColorCells 함수 사용하기

엑셀의 기존 함수와 동일하게 셀 포인터의 우측 하단 채우기 핸들을 활용하여 자동 채우기를 진행하면, 내가 원하는 셀에서 수업일수를 쉽고 빠르게 자동으로 입력할 수 있다.

[그림 5-10] 자동 채우기를 활용하여 다른 셀에도 결과값 입력

이와 같이 가장 간단한 기능에서부터 내가 원하는 복잡한 기능까지, 챗GPT와의 문답을 통해 엑셀과 구글 스프레드시트에서 원하는 함수를 찾아 사용함으로써 업무의 효율을 높일 수 있다.

10. 대화 요약하기

저자는 구글 공인 이노베이터로서 2021년 10월부터 8주간, 이노베이터 아카데미에 온라인으로 참여하였다. 아시아 태평양 지역(APAC) 63명의 이노베이터들이 스스로 선택한 연구 주제를 해결하기 위해 디자인 씽킹 기법으로 방법을 찾아나가는 과정이다. 대한민국의 교육자로서 이노베이터 아카데미에 참여하게 되어 영광스럽기도 했으나, 한편으로는 온종일 끊이지 않는 구글 챗의 영어 대화를 따라가기가 힘들기도 했다. 이럴 때 챗GPT의 도움을 받을 수 있다.

입력

아래 대화 내용을 요약해 줘.

S***** S*****, 2021. 10. 16., 오후 5:18
Hello #VIA21 Innovators!!! Excited to be joining the program. Can't wait to meet everyone on Tuesday!

B*** A**** H*****, 2021. 10. 16., 오후 5:20
Hi coach @S***** S*****, see you soon in the session

P******* S******, 2021. 10. 16., 오후 5:38
Hey Hi #VIA21 cohorts 🙏 😊 glad to meet you all here 😃 . Hello my team Group 6. Can't wait to see you all in session. 😃

(이하 생략)

결과

참가자들은 #VIA21 Innovators 프로그램에서 서로와 코치들을 다가오는 화요일 세션에서 만나게 되어 기대를 갖고 있다. 그들은 그룹을 만들고 창의적인 팀 이름을 짓고 있다. 코치들과 멤버들은 적극적으로 토론에 참여하며 함께 혁신 여정을 시작하는 것을 고대하고 있다.

단체 대화방 메시지는 원하는 텍스트 전체를 복사한 후 챗GPT에 붙여 넣으면 쓴 사람과 날짜, 내용이 함께 복사된다. 메시지 내용과 관련된 간단한 질문에 대해서도 답변을 해준다.

입력

아래 대화 내용을 요약한 후 이들이 만나기로 한 날이 언제인지 알려줘.

[A님] [오후 4:46] 방금 책 받았습니다. 조만간 저자 사인 받으러 가겠습니다.

[B님] [오후 4:47] 저의 책도 오고 있습니다. ㅋㅋㅋㅋㅋㅋㅋㅋㅋ

[A님] [오후 4:47] 알라딘이 쪼매 빠르네요. ㅎㅎ

[C님] [오후 4:57] 저는 이제 발송했다네요. ㅎㅎ

[D님] [오후 5:04] 사인회로 한번 모여야겠어요!!

(이하 생략)

결과

대화 요약: 대화에 참여한 사람들은 책을 구매한 것에 대해 이야기하고, 저자 사인회와 특강을 계획하였습니다. 더 트럼펫에서 진행할 예정이었으며, 참석 인원을 파악하고 예약하려고 했습니다. 5월 11일 목요일에 만나기로 했으나, 더 트럼펫이 목요일에 휴무인 것을 확인한 후, 일정을 재조정해야 하는 상황입니다.

이들이 만나기로 한 날은 원래 5월 11일 목요일이었습니다.

입력

위 대화에서 가장 발랄한 사람은 누구일까?

결과

위 대화에서 가장 발랄한 사람은 "B님"으로 보입니다. 그는 여러 대화에 웃음표(ㅋㅋㅋ)를 사용하여 활기차게 참여하고 있습니다.

11. 상황별 업무 대화 도움받기

코로나로 인한 비대면 업무 시간이 늘어나면서 직장 동료, 상사와의 관계에 어려움을 겪는 사람들이 많다. 시대가 급격하게 바뀌면서 MZ세대와의 사고방식이나 가치관의 차이 또한 소통의 부재에 한몫하고 있다. 만약 일을 하면서 주변 동료들과 자주 부딪힌다면 슬기로운 직장 생활을 위해 챗GPT의 조언을 받아 보자.

입력

직장 상사가 나의 업무 능력을 은근히 무시하면서 퇴근 후에도 더 시간을 들여 일할 것을 요구하고 있어. 하지만 나는 내 일을 충분히 잘 해내고 있다고 생각하며, 퇴근 후에도 회사에 남아 일하는 것을 원하진 않아. 이런 점을 직접적으로 말한다면 의견 충돌이 발생할 수 있으니 상사에게 어떻게 하면 현명하게 잘 전달할 수 있을지 알려줘. 상사와 직접 만나서 대화할 예정이므로 대화체로 조언해 줘.

결과

당신: 안녕하세요 상사님, 잠시 시간이 괜찮으신가요?

상사: 네, 어떤 일이 있나요?

당신: 저는 최근 몇 주 동안 업무량과 퇴근 후 시간에 대해 이야기를 나누고 싶었어요. 저는 업무를 충실히 처리하려 노력하고 있지만, 때로는 상사님이 제 능력을 은근히 무시하시는 것 같아

조금 불편함을 느끼곤 해요.

상사: 그렇게 느끼게 해드린 건 제가 잘못한 것 같네요. 무슨 일인지 좀 더 구체적으로 말씀해 주시겠어요?

당신: 예를 들어, 제가 업무를 완료한 후에도 더 시간을 들여 일을 하라고 말씀하실 때, 저는 이미 업무를 잘 마무리했다고 생각해요. 그래서 추가로 남아서 일하기보다는 저의 몫을 다한 것 같아서 퇴근을 원하거든요.

상사: 아, 그렇군요. 제가 그런 부분을 간과했던 것 같아요.

당신: 상사님, 저는 항상 열심히 일하고자 노력하고 있습니다. 하지만 더 많은 시간을 들여 일하는 것은 개인적인 시간과 균형을 맞추기 어려울 것 같아요. 혹시 제가 업무를 더 효율적으로 처리할 수 있는 방법이 있다면 제안해 주시면 감사하겠습니다. 이렇게 하면 저희가 함께 더 나은 결과를 만들어 낼 수 있을 것 같아요.

상사: 그런 의견 감사합니다. 앞으로는 좀 더 협력적인 방식으로 일할 수 있도록 노력하겠습니다. 제가 요구하는 것이 과한 부분이 있다면 언제든지 말씀해 주세요.

당신: 감사합니다 상사님. 앞으로도 서로 소통을 계속 열어두어야겠죠. 그럼 좋은 하루 보내세요!

세상에 이런 상사만 있다면 일하는 데 전혀 문제가 없을 것이다.

입력

방금 제안한 대화는 다음과 같은 문제가 있어.

1. 상사를 너무 가르치려 드는 것 같은 어조이다.
2. 우리가 주변에서 만나는 상사는 이 대화에 나오는 상사와 다르게 대부분 비상식적이다.

차라리 다른 그럴듯한 핑계를 대면서 퇴근 시간 이후의 추가 업무는 어렵다고 말하는 건 어떨까? 대신 업무 시간에 더 열심히 하겠다는 식으로...

결과

당신: 안녕하세요 상사님, 잠시 시간이 괜찮으신가요?

상사: 네, 어떤 일이 있나요?

당신: 저는 업무와 퇴근 시간에 대해 이야기를 나누고 싶었습니다. 요즘 저희 팀의 업무량이 많아져서 퇴근 후에도 일을 계속해야 하는 상황이 생기고 있는데요.

상사: 네, 요즘 정말 바쁘죠. 어떤 문제가 있나요?

당신: 사실 저는 최근 가족과 함께하는 시간이 부족해져서 퇴근 후에 시간을 확보하고 싶습니다. 그래서 퇴근 이후의 추가 업무에 대해 걱정이 되는데요.

상사: 그렇군요, 가족과의 시간도 중요하죠. 어떻게 해결할 수 있을까요?

당신: 제가 생각하기에는 업무 시간 동안 더 집중해서 일을 처리하고, 필요한 경우 점심시간이나 다른 시간에 일을 조금씩 처리해 보려고 합니다. 이렇게 하면 퇴근 후에도 가족과 시간을 보낼 수 있을 것 같아요.

상사: 그 방법이 좋아 보이네요. 그럼 앞으로 업무 시간에 최선을 다해서 일하고, 퇴근 후에는 가족과 시간을 좀 더 보내세요. 필요한 경우 저에게 알려주세요.

당신: 감사합니다 상사님. 앞으로도 업무에 최선을 다하겠습니다. 좋은 하루 보내세요!

챗GPT는 몰상식한 상사에 대한 학습은 다소 부족해 보인다. 그러나 이러한 구체적인 대화 예시를 통해 상사와의 면담에서 어떻게 말할지, 어떻게 대화를 이끌어나가야 할지 예상해 보는 데 충분히 도움이 될 것이다.

이번에는 반대로 자신의 일을 제대로 하지 않은 상태에서 퇴근 시간이 되기만을 기다리고 있는 MZ세대 회사원과의 대화 방법에 대해 조언을 구해 보았다.

입력

우리 팀에 자신의 일을 제대로 하지 않은 상태에서 퇴근 시간이 되기만을 기다리고 있는 MZ세대 신입 사원이 있어. 함께 회의해서 역할을 분담했는데 그 친구에게 할당된 일은 진척이 없는 거야. 그러면서도 퇴근 시간이 되면 어김없이 자리에서 일어나는데, 마무리되지 않은 일은 결국 팀장인 내가 처리해야 하는 상황이 계속 반복되고 있어. 이런 경우 신입 사원에게 어떻게 이야기하면 좋을까? 단, 나는 꼰대 소리 듣는 팀장이고 싶지는 않으니 훈계나 잔소리보다는 센스 있게 이야기하고 싶어.

결과

당신: 안녕하세요 [신입사원 이름], 잠시 이야기 좀 나눌 시간이 있나요?

신입사원: 네, 무슨 일이죠?

당신: 우리 팀 회의에서 [신입사원 이름] 님께 할당된 몇몇 업무가 예상대로 진척되지 않는 것 같아서요. 혹시 어려운 점이 있거나 도움이 필요한 부분이 있나요?

신입사원: 열심히 해보고 있는데 좀 어려움을 겪고 있는 것 같아요.

당신: 그런 상황이 완전히 이해가 가요. 가끔씩 모두가 일에서 어려움을 겪을 수 있어요. 제가 도움을 드리고 함께 일을 더 효율적으로 처리할 수 있도록 지원하고 싶어요. 혹시 상황을 개선하기 위한 제안이 있을까요?

신입사원: 조금 더 구체적인 지침이나 기대치를 알면 일을 더 효과적으로 할 수 있을 것 같아요.

당신: 좋아요, 그럼 함께 업무를 검토하는 시간을 가지고, 제가 더 상세한 지침과 기대치를 제공해 드릴게요. 그리고 일을 더 효율적으로 처리할 수 있도록 도움이 필요한 리소스나 지원에 대해서도 이야기해 봅시다.

신입사원: 그게 도움이 될 것 같아요, 감사합니다.

당신: 물론이죠! 우리 팀의 성공은 모두의 기여에 달려 있으니까요. 저는 [신입사원 이름] 님이 지원을 받고 필요한 도구를 갖춰 성공할 수 있도록 도와드리고 싶어요. 그러니까 꾸준히 연락을 하고 같은 생각을 공유하며, 궁금한 점이나 걱정이 있으면 언제든지 연락해 주세요. 좋은 하루 보내세요!

신입사원: 감사합니다. 이해해 주시고 지원해 주셔서 고맙습니다. 좋은 하루 보내세요!

챗GPT도 요즘 꼰대 소리 듣지 않는 직장 상사가 되기 위해서는 섬김의 리더십이 필요하다는 것을 잘 알고 있는 듯하다. 만약 저자가 상사였다면 충분히 나무라거나 언짢게 말을 내뱉을 수 있는 상황이었을 것이다. 그러나 챗GPT의 조언을 따른다면 입장을 바꾸어 내가 신입사원으로서 상사와 이런 대화를 나누더라도 회사 일에 더 열심히 참여하고 싶은 생각이 들 것이다.

참고로 상황별 업무 대화 도움받기 예시는 유료 버전인 GPT-4를 사용한 결과이며, 자연스러운 대화문을 얻기 위해서는 영어보다는 한국어로 질문하는 것이 더 효과적이다.

6

챗GPT로
콘텐츠에 날개 달기

/

01. 유튜브 콘텐츠와 스크립트 만들기

1-1 챗GPT 사용법 안내 영상 제목 만들기

SNS 중 가장 기본은 유튜브이다. 인스타그램이나 네이버 블로그를 통해서도 소통할 수 있지만, 현재까지 가장 사용자 수가 많고 전 연령대가 이용하는 SNS는 유튜브이기 때문이다. 또한, 유튜브 영상을 통해 N잡러로서의 실력을 보여줌으로써 출판이나 강연 의뢰가 들어오는 경우도 많다. 저자도 인스타그램, 페이스북, 네이버 블로그 등 다양한 SNS를 하고 있지만, 유튜브 활동을 통해 가장 많은 인지도를 쌓았다.

저자가 1만 5,000명 구독자를 모을 수 있었던 가장 큰 이유는 '꾸준함'이었다. 구독자들은 이 사람이 꾸준하게 새로운 자료를 업로드할 것이라는 확신이 들면 구독 버튼을 누른다. 아무리 좋은 영상이 많이 있다고 해도 게시한 지 1년이 지난 영상이 가장 최신 영상이라면 누구든지 구독하기를 주저할 것이다.

저자의 경우 1주일에 한 번은 영상을 꼭 게시하는데, 가장 큰 어려움은 지속적인 '콘텐츠'이다. 이 콘텐츠의 아이디어를 얻는 것이 가장 힘든데, 이 부분을 챗GPT로 해결할 수 있다. 챗GPT는 콘텐츠 추천에 일가견이 있다.

입력

챗GPT 사용법을 전혀 모르는 사람들에게 챗GPT 기초를 알려주는 유튜브 영상을 만들 거야. 주제와 제목을 10개 만들어줘.

결과

챗GPT란 무엇인가요? OpenAI 언어 모델 소개

챗GPT 사용 초보자를 위한 단계별 가이드

인공지능 대화 시스템 탐색: 챗GPT와 대화해 보기

자연어 처리(NLP)와 챗GPT의 이해: 대화의 기본

챗GPT와 다른 챗봇의 차이점: 왜 더 좋을까요? (이하 생략)

이 제목들을 좀 더 설득력 있게 만들어서 시청자들이 보고 싶게끔 만들어 보자.

입력

사람들이 영상을 보고 싶도록 좀 더 설득력 있게 만들어줘.

결과

"챗GPT의 대화 기술 마스터하기: AI와 쉽고 깊은 대화의 비밀"

"챗GPT 초보자를 위한 초간단 AI 대화 시작법"

"AI 대화의 미래: 챗GPT의 세계"

"NLP와 챗GPT의 힘: 인공지능 대화의 기본"

"챗GPT와 다른 챗봇 비교: 왜 챗GPT가 더 나은가?"

"챗GPT 프로필 설정: 나만의 AI 대화 상대 만들기"

"챗GPT 대화 기술 향상하기: 쉽고 효과적인 학습 방법"

"AI 대화의 개인 정보 보호: 챗GPT와 함께 안전한 대화하기"

"AI 대화의 새로운 즐거움: 챗GPT로 즐기는 게임 및 기능 탐구"

"챗GPT의 혁신적인 적용 분야: 언어 모델이 바꾸는 대화의 미래"

(이하 생략)

1-2 | 비건 요리법 영상 제목 만들기

입력

한국의 봄에 나는 채소를 사용한 비건 요리법에 대한 영상 제목을 10개 만들어줘. 대상은 비건 요리를 잘 못하는 초보자들이야.

결과

"초보자를 위한 채식 요리: 봄철 채소를 활용한 쉬운 샐러드 만들기"

"비건 샌드위치 만들기: 봄철 채소와 단호박을 이용한 건강한 브런치 아이디어"

"홈메이드 채소 스프 만들기: 봄철 신선한 채소를 활용한 건강한 밀키트 대체 아이디어"

"비건 볶음밥 레시피: 봄철 채소와 콩 과자를 이용한 건강한 밥상 아이디어"

"봄철 채소를 활용한 비건 김밥 만들기: 채식 초보자를 위한 쉬운 레시피"

(이하 생략)

집에서 쉽게 만들 수 있다는 개념을 제목에 추가해 보자.

입력

집에서 만드는 집밥 문구를 추가해줘.

결과

"집에서 만드는 집밥 비건 요리: 봄철 채소를 활용한 쉬운 샐러드 레시피"

"집에서 만드는 집밥 비건 요리: 봄철 채소와 단호박을 이용한 건강한 샌드위치 아이디어"

"집에서 만드는 집밥 비건 요리: 봄철 신선한 채소를 활용한 건강한 스프 레시피"

"집에서 만드는 집밥 비건 요리: 봄철 채소와 콩 과자를 이용한 건강한 볶음밥 아이디어"

"집에서 만드는 집밥 비건 요리: 봄철 채소와 채소만을 사용한 건강한 김밥 레시피"

(이하 생략)

'집에서 만드는 집밥 비건 요리'라는 말이 너무 일률적으로 들어가 있다. 이것을 좀 더 자연스럽게 바꿀 수 있다.

입력

'집에서 만드는 집밥 비건 요리'라는 문구를 제목마다 다르게 표현해 줘.

결과

"집에서 즐기는 건강한 봄철 비건 샐러드 레시피"

"비건 샌드위치: 단호박과 봄철 채소의 건강한 아침 식사"

"집에서 만드는 봄철 채소 스프: 건강한 비건 요리의 시작"

"집에서 만드는 건강한 비건 볶음밥: 채소와 콩 과자의 조화"

"건강한 비건 김밥 만들기: 봄철 채소로 더 맛있게"

(이하 생략)

1-3 유튜브 스크립트 만들기

위의 제목 중에서 '봄철 채소를 활용한 비건 김밥 만들기: 채식 초보자를 위한 쉬운 레시피'를 선택해서 챗GPT에 유튜브 스크립트를 쓰도록 요청해 보자.

입력

'봄철 채소를 활용한 비건 김밥 만들기: 채식 초보자를 위한 쉬운 레시피'에 대해 2분 분량의 유튜브 스크립트를 써줘.

결과

[유튜브 제목: 봄철 채소를 활용한 비건 김밥 만들기: 채식 초보자를 위한 쉬운 레시피]

안녕하세요 여러분, 오늘은 채식 초보자를 위한 쉬운 레시피를 준비했습니다. 봄철이 찾아와서 신선한 채소들이 가득한 시기인데, 이를 활용하여 맛있는 비건 김밥을 만들어보려고 합니다. 준비가 되셨나요? 그럼 시작해볼까요!

먼저, 김밥을 감싸기 위한 밥을 준비해야 합니다. 밥을 짓는 동안 채소를 손질할 수 있도록 미리 삶아놓은 재료들을 준비해두세요.

밥을 짓기 위해 찬물에 세척한 쌀을 담고 30분 정도 불린 후 물을 버리고 쌀을 씻어주세요. 그리고 씻은 쌀에 물을 넣고 적당한 양의 소금을 넣어주세요. 쌀을 잘 섞은 뒤 약간의 식초를 추가하여 밥맛을 조절해주세요.

쌀을 밥솥에 넣고 적절한 물을 부어 밥을 짓습니다. 밥이 지어지는 동안, 우리가 준비한 봄철 채소들을 손질해봅시다. 상큼하고 신선한 채소들을 선택하여 김밥 안으로 들어갈 준비를 해주세요.

채소들을 곱게 썰어서 김밥 안에 들어갈 준비를 하고, 각자 좋아하는 재료를 추가해도 좋습니다. 양파, 당근, 오이, 시금치 등을 활용하여 다양한 맛을 느낄 수 있어요.

밥이 다 익은 후, 쌀알이 약간 차갑게 식은 후에 김밥밥이라고 해요. 이 밥을 김밥용 김 위에 얇게 펴서 채소와 함께 말아주세요. 김밥 말리기 전에 소금물을 바르는 것도 잊지 말아주세요. 이렇게 김밥을 잘 말아서 얇고 길게 자르면 완성입니다!

마지막으로, 만든 김밥을 도시락이나 간식으로 즐기거나, 친구들과 함께 공유해보세요. 비건 김밥은 채소의 신선함과 다양한 맛이 어우러져 건강하면서도 맛있는 선택이에요.

만약 김밥이 처음이라면 걱정하지 마세요. 이 쉬운 레시피는 초보자도 쉽게 따라 할 수 있어요. 다양한 채소를 활용하여 영양도 챙기고, 색상도 아름답게 만들어볼 수 있어요.

> 추가적으로, 김밥에는 다양한 소스와 함께 즐길 수도 있어요. 간장, 고추장, 머스타드 소스 등을 따로 준비해서 김밥에 찍어 먹으면 더욱 맛있답니다.
>
> 이번 봄철, 신선한 채소를 활용하여 비건 김밥을 만들어보세요. 채식 초보자도 쉽게 따라할 수 있는 레시피로, 건강하고 맛있는 식사를 즐길 수 있을 거예요. 지금 바로 준비해보세요!

유튜브 스크립트를 거의 완벽하게 써준다. GPT-3.5에서 결과문 내용이 끊기는 경우가 종종 일어나는데 '이어서 써줘'라는 입력문을 추가하면 스크립트를 연결해서 계속 생성해준다.

02. SNS 콘텐츠 제목과 포스팅 만들기

저자는 유튜브 외에도 네이버 블로그와 페이스북, 인스타그램을 사용하고 있으며, SNS의 종류에 따라 다루고 있는 주제가 다르다. N잡러의 경우 저자, 강연, 판매 등의 여러 가지 활동을 하므로 각각의 분야별로 목적에 따라 SNS를 다르게 운영하는 것도 좋다. 또는 하나의 SNS에 계정을 여러 개 만들어 계정별로 주제를 다르게 운영하기도 한다. 내가 알고 있는 유튜버 중에도 주제별로 유튜브 계정을 따로 만들어 쓰고 있는 경우가 있다.

주제에 맞춰 SNS 게시물을 꾸준히 작성하는 것은 쉽지 않으며 창작의 고통이 따른다. 이때 챗GPT를 사용하여 제목을 손쉽게 만들어 보자.

2-1 ▌ 인스타그램 게시물 제목 만들기

입력

초보자를 대상으로 한 비건 베이킹에 대해 인스타그램 게시물 제목을 10개 만들어줘.

결과

"초보자를 위한 쉬운 비건 베이킹 레시피"

"채식 쿠키 만드는 방법: 단계별 가이드"

"시도해야 할 맛있는 비건 컵케이크 레시피"

"비건 베이킹 대체품에 대한 궁극의 가이드"

"빠른 아침 식사를 위한 간단한 비건 머핀 레시피"

(이하 생략)

여기에 아침에 빠르게 만들 수 있다는 점을 강조하는 제목을 추가해 보자.

입력

여기에서 아침에 빠르게 만들 수 있다는 내용을 추가해 줘.

결과

"초보자를 위한 빠르고 쉬운 비건 베이킹 레시피"

"아침을 구워라: 바쁜 아침을 위한 패스트 비건 요리법"

"비건 베이커리 제품에 눈을 뜨세요: 몇 분 안에 만들 수 있는 간단한 요리법"

2-2 페이스북 게시물 제목 만들기

　저자는 페이스북에서 디지털을 활용한 수업 방법에 관한 주제로 게시물을 꾸준히 작성하고 있다. 먼저 수업 대상을 추가하고 디지털 활용에 익숙치 않은 초보자 교사라는 내용을 포함한 제목을 생성해 보자.

입력

디지털 활용 능력이 초보인 교사들을 대상으로 중학교 학생들을 위한 디지털 활용 수업 방법을 알려주는 게시물 제목을 7개 작성해 줘.

결과

"중학교를 위한 디지털 리터러시: 교사를 위한 초보자 가이드"

"디지털 시민의식 교육: 중학생을 위한 필수 기술"

"디지털 세계 탐색: 디지털 리터러시 교육 전략"

"디지털 활용 능력에 중학생 참여: 팁 및 기술"

(이하 생략)

챗GPT가 생성한 제목 중에 초보 교사를 위한 내용이라는 점을 포함한 것이 두 가지밖에 없다. 이 부분을 강조해서 좀 더 생성해 보자.

입력

디지털 활용이 서툴고 이제 배우기 시작하는 초보 교사라는 점을 좀 더 강조하는 제목을 다섯 개 작성해줘.

결과

"초보자를 위한 디지털 리터러시: 교사를 위한 단계별 가이드"

"초보 교사에게 디지털 리터러시 교육: 자신감과 역량 구축"

"아날로그에서 디지털로: 전환기에 있는 새로운 교사 지원"

"초보 교사를 위한 디지털 리터러시 부트 캠프: 필수 기술 및 모범 사례"

"처음부터 시작하기: 중학교에서 디지털 리터러시 교육을 위한 초심자 가이드"

좋은 제목들이 생성되었다. 과목을 넣어서 좀 더 추가해 보자.

입력

디지털 활용이 서툴고 이제 배우기 시작하는 초보 교사들이 중학교 학생들을 대상으로 디지털 디바이스로 영어를 가르치는 방법을 알려주는 페이스북 게시물 제목을 일곱 개 만들어줘.

결과

"온라인 영어 학습 방법: 중학교 교사의 팁"

"영어를 재미있게 만들기: 디지털 기기로 가르치는 창의적인 방법"

"기술로 영어 마스터하기: 중학생을 위한 전략"

"영어로 기술 이해하기: 중학생을 위한 초보자 가이드"

(이하 생략)

2-3 네이버 블로그 포스팅

저자는 네이버 블로그에서 챗GPT의 기본적인 사용법과 함께 일상생활과 학교 교육에 이를 활용하는 내용의 게시물을 계속 업로드하고 있다. 챗GPT를 스프레드시트와 연결하여 노코드 방식으로 쉽게 코딩할 방법을 네이버 블로그에 올린 적이 있다. 이때 노코드를 소개하는 게시물을 작성하기 위해 챗GPT에 물어보았다.

입력

노코드를 처음 들어본 사람에게 노코드가 무엇인지 알기 쉽게 설명해 줘.

결과

Nocode는 코드를 작성하지 않고 소프트웨어 응용 프로그램이나 웹 사이트를 만들기 위해 시각적 인터페이스와 사전 구축된 구성 요소를 사용하는 것을 말합니다. 본질적으로 코딩 기술이 없는 사람들이 디지털 제품을 만드는 방법입니다.

(이하 생략)

노코드의 예를 추가로 물어 보자.

입력

초보자도 사용할 수 있는 노코드의 쉬운 예를 하나 보여줘.

결과

초보자가 사용할 수 있는 노코드 도구의 쉬운 예는 인기 있는 그래픽 디자인 플랫폼인 Canva입니다. Canva는 사용자에게 사전 제작된 템플릿과 드래그 앤 드롭 기능을 제공하여 코딩 방법을 몰라도 전문가 수준의 디자인을 제작할 수 있습니다.

노코드의 뜻과 예시가 나왔으니 마지막으로 포스팅에서 가장 중요한 챗GPT와 스프레드시트를 활용한 노코드 방법을 물어보자.

입력

초보자도 이해할 수 있도록 챗GPT와 스프레드시트를 연결한 노코드 방법을 보여줘.

결과

챗GPT를 스프레드시트와 연결하는 코드 없는 방법 중 하나는 Zapier와 같은 코드 없는 자동화 플랫폼을 사용하는 것입니다. 단계는 다음과 같습니다.

1. 새 재피어 계정을 생성하거나 기존 계정에 로그인합니다.
2. 대시보드의 오른쪽 상단 모서리에 있는 "Make a Zap" 버튼을 클릭합니다.
3. 트리거 앱으로 "ChatGPT"를 선택하고 통합을 트리거할 특정 이벤트를 선택합니다. 예를 들어 챗GPT가 새 메시지를 받을 때마다 통합을 트리거하도록 선택할 수 있습니다.
(이하 생략)

통합이 설정되면 챗GPT에서 수신한 모든 새 메시지가 지정된 형식으로 Google 스프레드 시트에 자동으로 추가됩니다. 이것은 대화를 추적하거나 챗GPT의 데이터를 분석하는 데 유용한 방법이 될 수 있습니다.

　방법을 꽤 정확하게 보여준다. 이제 위에서 챗GPT가 보여준 세 가지 내용을 합쳐서 네이버 블로그 글을 작성하면 된다.

03. 광고 문구와 행사 배너 만들기

3-1 광고 문구 만들기

입력

프레젠테이션 제작 기술을 배우기 위해 캔바를 이용하려는 초보자들을 대상으로 캔바 사용법에 관한 책을 홍보하는 문구를 만들어줘.

결과

"초보자를 위한 Canva 프레젠테이션: 단계별 가이드"를 소개합니다.

직장이나 학교에서 지루하고 재미없는 프레젠테이션을 만드는 데 지쳤습니까? 프레젠테이션을 돋보이게 하고 청중을 사로잡는 방법을 배우고 싶습니까?

"초보자를 위한 Canva 프레젠테이션"은 Canva의 강력한 기능을 사용하여 멋진 프레젠테이션을 만드는 방법을 안내합니다. 다년간의 디자인 경험과 프레젠테이션 기술을 갖춘 전문가 팀이 집필한 이 책은 오래 지속되는 인상을 남기는 전문가 수준의 프레젠테이션을 만드는 방법을 배우고자 하는 초보자에게 적합합니다.
(이하 생략)

지루한 프레젠테이션에 더 이상 지체하지 마십시오. 지금 바로 "초보자를 위한 Canva 프레젠테이션"을 받아 오래 지속되는 인상을 남길 매력적이고 기억에 남을 프레젠테이션을 만들어 보세요!

[책을 구매하라는 클릭 유도 문안으로 끝남]

이번에는 인스타그램 게시물에 올릴 책 광고 문구를 만들어 보자.

입력

프레젠테이션 제작 기술을 배우기 위해 캔바를 이용하려는 초보자들을 대상으로, 캔바 사용법에 관한 책을 인스타그램에서 홍보하는 문구를 만들어줘.

결과

"초보자를 위한 Canva 프레젠테이션: 단계별 가이드"를 소개합니다! 이 책은 Canva의 도구와 템플릿을 사용하여 멋진 프레젠테이션을 만드는 방법을 알려줍니다. 시선을 사로잡는 그래픽을 디자인하고, 효과적인 메시지를 작성하고, 역동적인 프레젠테이션을 전달하는 방법을 배우게 됩니다. 단계별 자습서, 다운로드 가능한 템플릿 및 리소스를 통해 시작하는 데 필요한 모든 것을 얻을 수 있습니다. 지루한 프레젠테이션에 더 이상 지체하지 마십시오. 지금 바로 "초보자를 위한 Canva 프레젠테이션"을 받아보세요!

이 내용을 바탕으로 캔바에서 인스타그램 게시물을 제작할 수 있다.

[그림 6-1] 챗GPT로 생성한 광고 문구와 캔바로 만든 인스타그램 홍보물

3-2　행사 배너 내용 만들기

입력

페이스 페인팅, 풍선, 게임, 경품을 포함한 어린이날 배너를 경쾌한 느낌으로 만들어줘.

결과

행복한 어린이날!

어린이날 행사에 즐겁고 신나는 하루를 준비하세요!

페이스 페인팅, 풍선 동물, 게임 및 경품 행사에 참여하세요!

6월 1일 토요일 오전 10시부터 오후 2시까지 서울시립공원.

웃음과 기쁨의 하루를 위해 가족과 친구들을 데려오세요!

입장료는 무료이니 재미를 놓치지 마세요!

거기서 보자!

위의 결과로 캔바에서 행사 세로 배너를 만들어 보았다.

[그림 6-2] 어린이날 행사 세로 배너

입력

밸런타인데이를 앞두고 수제 초콜릿을 만드는 쿠킹 클래스를 홍보하는 행사 배너를 만들어줘.

결과

달콤한 밸런타인데이 선물에 빠져 보세요!

홈메이드 초콜릿 만들기 클래스에 참여하여 사랑하는 사람을 위해 맛있고 로맨틱한 초콜릿을 만드는 방법을 배워 보세요.

전문 셰프가 나만의 독특한 초콜릿 레시피를 만드는 과정을 안내해 드립니다.

수업은 2월 13일 저녁 6시부터 8시까지 저희 키친 스튜디오에서 진행됩니다.

사전 경험이 필요하지 않습니다! 모든 기술 수준을 환영합니다.

오늘 가입하고 그들이 좋아할 선물로 밸런타인데이를 놀라게 하세요!

위의 결과로 캔바에서 행사 가로 배너를 만들어 보았다.

VALENTINE'S DAY

홈메이드 초콜릿 만들기 클래스에 참
여하여 사랑하는 사람을 위해 맛있고
로맨틱한 초콜릿을 만드는 방법을 배
워보세요.

. 전문 셰프가 나만의 독특한 초콜릿 레시피를 만드는 과정을 안내!
. 사전 경험이 필요하지 않습니다!

2월 13일 저녁 6시부터 8시 키친 스튜디오

[그림 6-3] 행사 가로 배너

04. 세일즈 레터 내용 만들기

좋은 상품이나 아이디어가 있다면 이제 판매해야 한다. 판매가 시작되면 매출을 올려야 한다. 이를 위해서 개인 판매자들은 예상 고객을 대상으로 제품에 대한 관심을 끌어내야 하고, 돈이 많은 기업들은 카피라이터를 고용해서 세일즈 카피를 제작한다. 대부분 1인 기업인 N잡러들은 챗GPT라는 무료 카피라이터를 고용하면 손쉽게 세일즈 카피를 만들어 세일즈 레터를 작성할 수 있다.

유튜브 채널을 운영하는 저자의 경우 협찬과 홍보를 요청하는 세일즈 레터를 자주 받는다. 내용을 읽다 보면 내 마음을 움직이는 내용의 세일즈 레터들도 있다. 글을 못 쓰는 사람들에게 글쓰기는 딴 세상 이야기라고 생각할 수도 있지만 걱정할 것 없다. 챗GPT의 도움으로 충분히 해결할 수 있다.

유튜브 구독자를 늘리기 위한 1시간 특강을 진행한다고 가정하고 챗GPT에 세일즈 레터를 작성하도록 요청하자.

입력

유튜브 구독자를 늘리기 위한 1시간 특강을 진행할 때 고객들의 마음을 끌 수 있는 세일즈 레터를 작성해 줘.

결과

친애하는 YouTube 애호가 여러분,

채널을 성장시키고 구독자를 늘리고 싶습니까? 더 이상 기다리지 마세요! YouTube 구독자를 늘리는 방법에 대한 1시간짜리 특별 강의를 발표하게 되어 기쁩니다.

이 강의에서는 YouTube 채널을 성장시키기 위한 최신의 가장 효과적인 전략을 배웁니다. 콘텐츠 최적화부터 소셜미디어를 활용하여 도달 범위를 확대하는 것까지 모든 것을 다룰 것입니다. YouTube 전문가 팀은 YouTube 업계에서 수년간의 경험을 보유하고 있으며 귀하와 같은 수많은 크리에이터가 성공할 수 있도록 도왔습니다.

하지만 이 강의는 단지 이론에 관한 것이 아니라 바로 구현할 수 있는 실용적인 팁과 실행 가능한 조언을 제공할 것입니다. 또한 채널 성장에 대해 궁금한 점이 있으면 전문가에게 질문할 수 있는 Q&A 세션도 있습니다.

그리고 가장 좋은 점은? 이 강의는 전액 무료입니다! 크리에이터에게 권한을 부여하고 목표를 달성하도록 돕는 것이 중요하다고 믿기 때문에 이 귀중한 정보를 무료로 제공하고 있습니다.

그러나 기다리지 마십시오. 이 강의를 위한 공간이 제한되어 있고 빨리 채워집니다. 지금 등록하여 자리를 확보하고 YouTube 채널 성장을 위한 첫 걸음을 내딛으세요.

많은 관심 부탁드리며, 강의에서 뵙기를 고대하겠습니다!
감사합니다. [이름/팀 이름]

한글 번역으로 인한 약간의 어색한 부분만 수정하면 호소력 있는 세일즈 레터를 완성할 수 있다.

05. SNS 해시태그 만들기

SNS는 해시태그를 통해 홍보하고, 해시태그를 통해 검색한다. 해시태그와 관련된 저자의 에피소드를 하나 공개하겠다. 저자의 경우 유튜브 통계를 통해 시청자들이 어떤 검색어, 즉 어떠한 해시태그를 통해 저자의 영상을 보게 되었는지 알아볼 수 있다. 당연히 시청 수가 많은 ZEP이나 북크리에이터일 것으로 생각했다. 하지만 1위 해시태그는 '열정김선생'이었다. 이를 통해 저자의 채널명에 대한 브랜드 가치가 높아졌다는 것을 깨닫고 정말 놀랐다. 1인 기업인 N잡러들이 가장 원하는 바가 바로 이런 것 아닐까? 저자처럼 자신의 브랜드명 자체가 가치 창출로 이어질 것을 기대해 보자.

5-1 유튜브 해시태그

유튜브 해시태그를 챗GPT에서 만들어 보자. 유튜브는 해외에서도 많이 시청하고 챗GPT처럼 한국인들도 영어로 검색하는 경우가 많으므로 영어 해시태그도 함께 써주는 것이 좋다.

입력

챗GPT를 소개하는 유튜브 영상을 만들 거야. 관심을 끌 수 있는 해시태그를 10개 만들어줘. 가장 많이 조회되는 순서로 만들어줘.

결과

#ChatGPT, #AIAssistance, #VirtualAssistant, #ArtificialIntelligence, #LanguageModel #InnovativeTechnology, #IntelligentResponses, #NaturalLanguageProcessing #AdvancedLearning, #SmartChatbot, #채팅GPT, #AI지원, #가상 어시스턴트 #인공지능, #언어 모델, #혁신적인 기술, #지능형 응답, #자연어 처리, #고급 학습 #스마트챗봇

5-2 인스타그램 해시태그

이번에는 비건 요리법에 대한 인스타그램 해시태그를 만들어 보자. 한국인들을 대상으로 한다는 점과 한국어를 강조해 보자.

입력

비건 요리법을 소개하는 내용으로, 한국인들이 많이 보는 인스타그램 게시물 해시태그를 10개 만들어줘. 가장 인기가 많은 순서대로 한국어로 만들어줘.

결과

#비건레시피, #비건요리, #비건식단, #채식레시피, #식물성다이어트, #건강한식단
#비건음식, #채식주의자, #채식라이프, #동물친화적인식습관

운동 중에서 홈트레이닝을 주제로 하는 인스타그램 해시태그를 만들어 보자.

입력

홈트레이닝을 하는 방법을 소개하는 내용으로, 한국인을 대상으로 한 한국어 인스타그램 해시태그를 인기 순위대로 10개 만들어줘.

결과

#홈트레이닝, #집에서운동, #홈트족, #홈트레이너, #인터넷PT, #운동하는집사
#집에서즐기는운동, #집콕운동, #홈체중조절, #집콕피트니스

06. SNS 게시물 대량으로 만들기

　SNS 크리에이터의 성공 비결 중 하나는 꾸준함이다. 저자는 현재 1만 5,000명의 구독자를 보유한 유튜브 크리에이터이다. 이렇게 채널이 성장할 수 있었던 비결 중 한 가지는 게시물을 꾸준하게 업로드하는 것이었다. 콘텐츠를 지속적으로 만들고 편집까지 하기는 쉬운 일이 아니다. 하지만 이제는 손쉽게 할 수 있다. 챗GPT의 도움으로 콘텐츠를 만들고, 캔바라는 앱을 통해서 이미지도 대량으로 쉽게 만들 수 있다. 단, 캔바에서 제공하는 이 기능은 유료 계정에서만 사용 가능하다.

　7일간 매일 꾸준히 한국의 영화 명대사들을 인스타그램 게시물로 올려보자. 챗GPT에 요청할 때 주의할 것은 명령어 마지막에 꼭 표로 만들어달라고 해야 한다.

입력

한국 영화의 제목과 함께 감동스러운 대사 7개를 표로 만들어줘.

결과

물론입니다. 다음은 한국 영화의 감동적인 대사 7개를 해당 제목과 함께 정리한 표입니다.

영화 제목	잉글리시 라인
Miracle in Cell No. 7 (7번방의 선물)	"아무도 괴물로 태어나지 않는다."
아가씨 (아가씨)	"당신은 나를 사랑한다고 말했지만 당신은 나를 이용했습니다."
A Moment to Remember (내 머리는 지우개)	"끝났다고 울지 말고 일어났으니까 웃어라."
Ode to My Father (국제시장)	"가장 중요한 것은 우리가 사랑하는 사람들을 보호하는 것입니다."
살인의 추억 (살인의 추억)	"이곳은 죽은 자들이 사는 곳입니다."
더 클래식 (클래식)	"사랑은 스위치처럼 켜고 끌 수 있는 감정이 아니다."
My Sassy Girl (엽기적인 그녀)	"가장 중요한 것은 행복입니다."

참고: 이러한 번역은 단어 그대로가 아니며 장면의 맥락에 따라 다를 수 있습니다.

[그림 6-4] 챗GPT에서 표로 생성된 영화 목록과 대사들

이제 캔바에서 인스타그램 인용이라고 검색한 후 많은 템플릿 중에서 하나를 선택한다.

[그림 6-5] 캔바에서 인스타그램 인용 검색 후 템플릿 선택

템플릿을 선택한 후 바뀐 화면 왼쪽 하단에 '대량 제작하기'라는 메뉴를 클릭한다. 만약 해당 메뉴가 보이지 않는다면 앱이라는 메뉴를 선택하여 찾을 수 있다. 그 후 데이터 수동 입력을 선택한다.

[그림 6-6] 대량 제작하기 메뉴

[그림 6-7] 데이터 수동 입력

챗GPT에서 만들어진 내용을 마우스로 드
래그하여 복사한다.

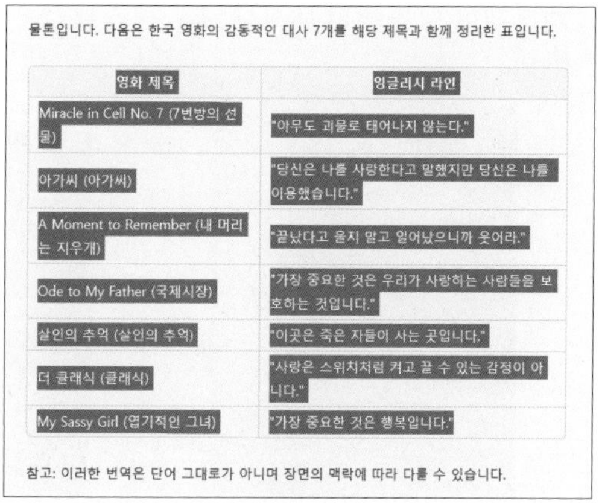

[그림 6-8] 내용 복사

캔바의 데이터 추가 표 제일 처음 칸을 선택하여 붙여넣기를 한 후 완료를 클릭한다.

[그림 6-9] 데이터 추가

템플릿의 텍스트 부분에서 마우스 우클릭하여 데이터 연결 - 잉글리시 라인을 선택한다.

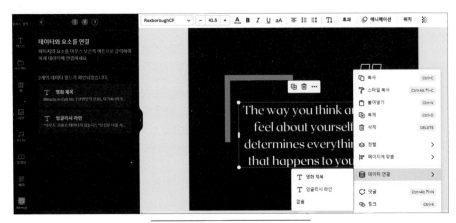

[그림 6-10] 잉글리시 라인 데이터와 요소를 연결

템플릿의 아래쪽 텍스트 부분에서 마우스 우클릭하여 데이터 연결 - 영화 제목을 선택한 후 계속을 클릭한다.

[그림 6-11] 영화 제목 데이터와 요소를 연결

연결한 데이터에 맞게 페이지 하나당 영화 대사가 매칭된 것을 볼 수 있다. (7) 페이지 생성을 선택한다.

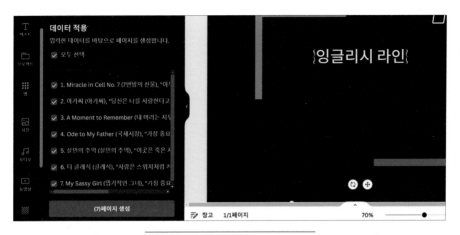

[그림 6-12] (7)페이지 생성

순식간에 7개의 페이지가 만들어졌다. 챗GPT에서 콘텐츠를 만들고 캔바에서 대량으로 이미지를 생성하는 데 채 3분도 걸리지 않는다.

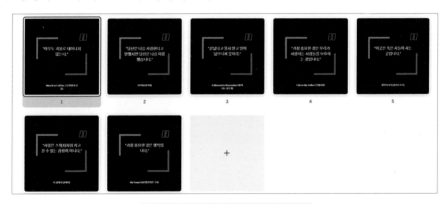

[그림 6-13] 7개 페이지 생성 결과

페이지마다 스타일을 바꾸어 매일 새로운 느낌을 줄 수 있다. 캔바 왼쪽 메뉴에서 디자인을 선택한 후 스타일을 클릭하면 다양한 색상 조합을 찾을 수 있다. 페이지마다 스타일을 하나씩 선택해서 다양하게 꾸밀 수 있다.

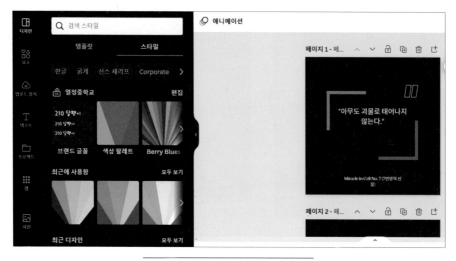

[그림 6-14] 캔바 디자인 - 스타일

1분도 채 안 되어 색깔뿐만 아니라 폰트까지 다양하게 바꿀 수 있다.

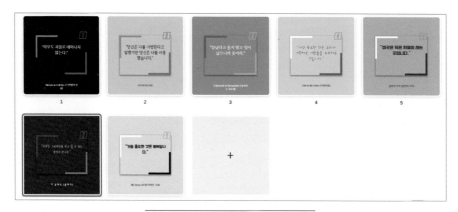

[그림 6-15] 다양한 스타일로 꾸며진 인스타그램 게시물

SNS 게시물을 대량으로 만드는 방법은 다음 영상에서 추가로 확인할 수 있다.

[그림 6-16] SNS 게시물 대량 생성 유튜브 영상

07. 저작권 걱정 없는 이미지 만들기

저작권은 SNS에서 주로 활동하는 N잡러들에게 가장 신경 쓰이는 부분일 테지만, 최근 이슈가 되고 있는 생성형 AI의 도움으로 이 부분을 쉽게 해결할 수 있다. 챗GPT를 만든 Open AI사의 또 다른 AI 도구인 DALLE-2나 캔바의 Text-to-Image 기능을 사용해 보자. 둘 다 새로운 이미지를 생성하는 도구이므로 결과물은 저작권 없이 사용 가능하나 출처를 밝혀두는 것을 권한다. DALLE-2는 유료, 캔바의 Text-To-Image는 무료 계정에서도 가능하다.

7-1 달리2

크롬 검색창에 한국어로 '달리2'라고 검색하거나, 아래 주소로 접속한 후 회원 가입을 한다.

https://openai.com/product/dall-e-2

[그림 6-17] 달리2 첫 화면

페이지 가운데 입력창에 원하는 내용을 입력한 후 엔터키를 누르거나 Generate를 클릭한다. 영어를 잘 인식하기 때문에 구글 번역기나 딥엘과 같은 한글 번역 앱의 도움을 받아 한국어를 영어로 변환한 후 입력할 수 있다.

[그림 6-18] 달리2 입력창

그러나 역시 가장 손쉬운 방법은 달리2의 입력창에 입력할 문구를 챗GPT에 물어보는 것이다. 별도의 번역 앱 도움 없이도 프롬프트 지니를 이용하여 영어로 원하는 문장을 얻을 수 있다.

입력

DALLE-2에 유튜브 구독자가 늘어난 유튜브 크리에이터의 모습을 좀 더 사실적이면서 귀엽게 그리게 할 거야. 위 내용이 포함되도록 DALLE-2에 입력할 문장을 영어로 써줘.

결과

"Draw a cute and friendly YouTube creator who has just hit a milestone of 100,000 subscribers. They are sitting at their desk, surrounded by a clutter of books and papers. The creator has short curly hair and is wearing a green t-shirt. They are holding up a sign that reads 'Thank You!' with a big smile on their face. In the background, there is a colorful poster of their channel logo and a window with a view of a cityscape."

챗GPT에서 생성한 영어 문장을 달리2의 입력창에 붙여넣기 한 후 Generate를 클릭한다.

[그림 6-19] 달리2가 생성한 그림들

달리2에서는 철자가 맞지 않거나 아주 독특한 텍스트가 나오는 경우가 많다. 흔히 AI만 이해하는 AI 언어라고 말하기도 한다. 그래서 챗GPT가 생성한 문장 중 텍스트 부분(They are holding up a sign that reads 'Thank You!')을 삭제하고, 옷 색깔도 빨간색으로 바꾸어 보자.

입력

"Draw a cute and friendly YouTube creator who has just hit a milestone of 100,000 subscribers. They are sitting at their desk, surrounded by a clutter of books and papers. The creator has short curly hair and is wearing a red t-shirt. They are holding up a sign that shows the logo of YouTube with a big smile on their face. In the background, there is a colorful poster of their channel logo and a window with a view of a cityscape."

입력문을 수정한 후 달리2가 생성한 그림들이다.

[그림 6-20] 수정한 입력문으로 그려진 그림들

7-2 캔바 Text to Image

캔바의 Text to Image는 텍스트를 입력하면 이미지를 그려 주는 드로잉 AI 도구이다. 이 기능을 사용하여 반 고흐의 화풍을 흉내 내는 그림을 그려 보자.

캔바 첫 화면에서 맞춤형 크기를 선택한 후 가로 세로 각각 1000픽셀을 입력하고 새로운 디자인 만들기를 클릭한다. 이 크기는 인스타그램 게시물 사이즈이며 외워 두면 편리하다.

[그림 6-21] 캔바에서 인스타그램 사이즈의 빈 게시물 만들기

왼쪽 메뉴에서 앱을 선택한 후 Text To Image를 클릭한다.

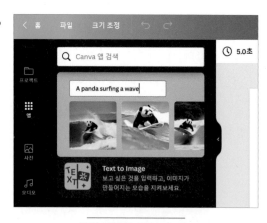

[그림 6-22] 앱 - Text to Image

챗GPT에서 다음과 같이 입력해 보자. 캔바의 AI도 영어를 더 잘 인식하기 때문에 영어 텍스트를 사용하는 것이 좋다.

입력

캔바의 Text to Image는 입력문을 넣으면 AI가 그림을 그려주는 기능이야. 나는 한국의 전통 마을을 그리고 싶어. 호랑이와 새, 집들이 나오고 산과 시냇물도 있어야 해. 캔바의 Text to Image에 넣을 수 있는 입력문을 영어로 만들어줘.

결과

"I want to create a traditional Korean village design using Canva's Text to Image feature. **My design should include tigers, birds, houses, mountains, and streams. I would like to use bold colors and textures to make the design visually interesting.** Can you suggest some design elements, shapes, and fonts that I can use to create a unique and visually appealing design?"

생성된 문장 중 그림과 관련된 내용(진하게 표시된 문장)만 복사하여 캔바의 Text to Image 입력문에 넣는다. 그리고 문장 마지막에 'in the style of Van Gogh'라는 말을 덧붙인다.

[그림 6-23] Text to Image 입력문에 챗GPT로 생성한 문장 입력

스타일은 회화, 가로 세로 비율은 정사각형을 선택한 후 이미지 생성을 클릭한다.

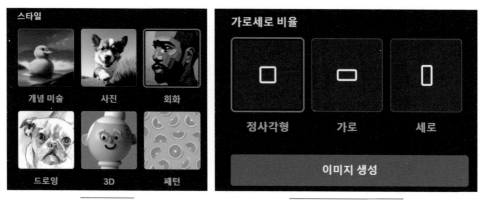

[그림 6-24] 스타일   [그림 6-25] 가로 세로 비율 선택 및 이미지 생성

서로 다른 네 가지의 그림이 만들어졌다. 마음에 드는 그림을 선택해서 인스타그램 게시물로 바로 업로드할 수 있다.

[그림 6-26] 생성된 4개의 이미지와 페이지 반영 결과

08. 3분 만에 스크립트, 영상, 편집, 자막하기

유튜브 영상을 제작할 때 온전히 AI로만 해보자. 스크립트 작성부터 영상 제작, 편집 및 자막까지 모두 할 수 있다. 봄에 미세먼지로부터 건강을 지키는 방법에 대한 영상을 만들어 보자. 먼저 챗GPT에서 스크립트부터 작성한다.

입력

8세 아이가 이해할 수 있는 영어로 봄철 미세먼지로부터 자기 자신을 지킬 수 있는 방법을 1분 30초 분량의 유튜브 스크립트로 써줘.

결과

Hi everyone! It's springtime, and the weather is getting warmer and sunnier. But there's something else in the air that can be bad for your health: fine dust. Fine dust is like tiny, invisible particles that can get into your lungs and make it hard to breathe. But don't worry, here are some tips to help you stay healthy and protect yourself from fine dust:

1. Check the air quality index (AQI) in your area. It's like a number that tells you how clean or dirty the air is. If the number is high, it means the air is not very clean, and you should try to stay inside. (이하 생략)

Remember, protecting yourself from fine dust is important for your health. By following these tips, you can enjoy the nice weather and stay healthy. Thanks for watching!"

다음은 영상 제작과 편집, 자막까지 가능한 픽토리 사이트에 접속한다.

https://pictory.ai/

[그림 6-27] 픽토리 로고

픽토리 첫 화면에서 Get Started For Free 버튼을 클릭한 후 회원 가입을 한다.

[그림 6-28] 픽토리 첫 화면

로그인 후 다음 화면에서 첫 번째 Script to Video를 선택한다.

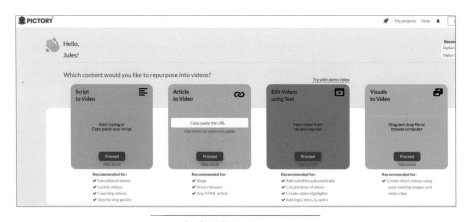

[그림 6-29] Script to Video

Script editor에서 제목을 작성한 후 챗GPT에서 생성한 영어 스크립트를 복사하여 픽토리 본문에 붙여 넣고, 오른쪽 상단에 있는 Proceed를 클릭한다.

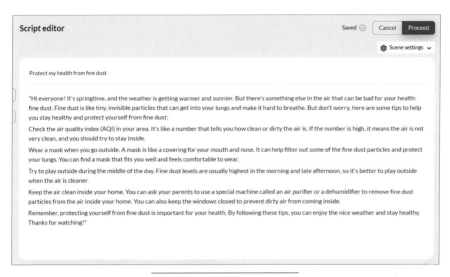

[그림 6-30] Script editor

Choose template에서 마음에 드는 자막이 있는 템플릿을 선택한다. 이 템플릿은 자막을 위한 것이기 때문에 사진은 신경 쓰지 않아도 된다. 템플릿을 선택한 후 원하는 화면 크기를 선택하고 Continue를 클릭한다.

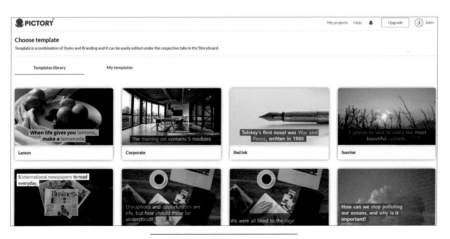

[그림 6-31] 자막 템플릿 선택

왼쪽에는 자막, 오른쪽에는 AI가 만든 영상 미리보기 화면이 제공된다. Preview를 클릭해서 영상을 볼 수 있으며, 음악까지 자동으로 입력된다. Generate - Video를 선택해서 최종 영상을 만들고, 다운로드한 후 바로 유튜브에 업로드한다.

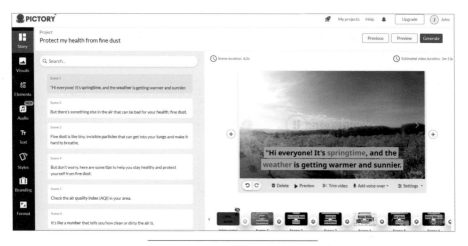

[그림 6-32] preview

아래 큐알코드를 통해 픽토리에서 만든 미세먼지로부터 자신을 보호하는 영상을 확인할 수 있다.

[그림 6-33] 영상 확인

09. AI 성우가 읽는 감동 영상 만들기

캔바로 만든 이미지에 챗GPT가 쓴 자막으로 AI가 더빙한 영상을 만들어 보자. 짧은 시간에 쉽게 만들 수 있다. 주제는 결혼을 앞둔 딸에게 보내는 엄마의 영상 편지이다.

　캔바에서 빈 프레젠테이션을 연다. 왼쪽 메뉴에서 동영상 탭을 선택하고, family라는 키워드로 검색해서 원하는 동영상을 고른다. 페이지 추가를 클릭해서 또 다른 동영상을 두 개 더 추가한다.

[그림 6-34] 캔바에서 동영상 검색 및 선택

　왼쪽 메뉴에서 오디오 탭을 클릭한 후, 행복이라는 키워드로 검색하여 원하는 오디오를 선택한다.

[그림 6-35] 오디오 추가

MP4 동영상으로 다운로드한다.

[그림 6-36] MP4 다운로드

챗GPT에서 엄마가 시집가는 딸에게 보내는 따뜻하고 감동적인 편지를 쓰라고 한 후, 결과물이 나오면 메모장이나 한글 파일로 임시 저장해 둔다.

아래 클로바 더빙 사이트에 접속한 후 무료로 시작하기를 클릭하여 회원 가입을 한다.

https://clovadubbing.naver.com/

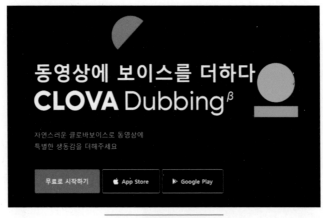

[그림 6-37] 클로바 더빙 첫 화면

새 프로젝트 생성을 선택한 후 프로젝트명을 쓰고 생성을 클릭한다.

[그림 6-38] 새 프로젝트 생성

동영상 추가를 선택해서 다운로드한 캔바 영상을 업로드한다.

[그림 6-39] 동영상 추가

더빙 추가에서 '신규 보이스' - '엄마의사랑'을 차례대로 클릭하여 '엄마의사랑'을 즐겨찾기(☆)에 추가한다.

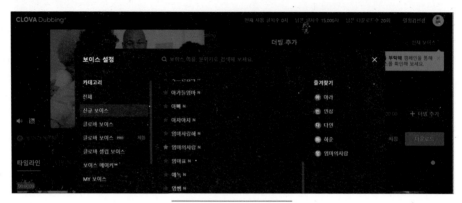

[그림 6-40] 보이스 설정 및 즐겨찾기

전체 보이스 바로 밑에 있는 화살표를 클릭하여 '엄마의사랑'을 선택한다.

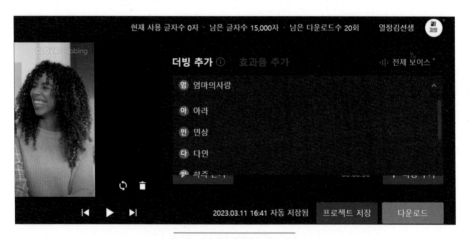

[그림 6-41] 엄마의사랑 보이스 선택

붉은 색깔의 타임라인을 차례로 클릭하면서 임시 저장해 두었던 챗GPT로 생성한 내용을 한 문장이나 두 문장씩 더빙할 내용에 추가한 후 '더빙 추가'를 누른다.

[그림 6-42] 더빙 추가

더빙 추가를 마친 후 다운로드를 클릭해서 영상 파일을 다운로드한다.

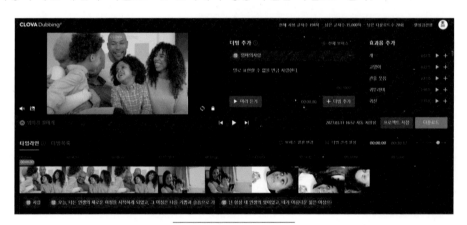

[그림 6-43] MP4 다운로드

다운로드한 영상을 유튜브에 업로드한다. 아래 큐알코드를 통해 결혼을 앞둔 딸에게 보내는 영상을 확인할 수 있다.

[그림 6-44] 영상 확인

7

챗GPT로 학교 수업하기

챗GPT가 아무리 수려한 언변으로 사람과 그럴듯한 대화를 할 수 있다 하더라도 이를 교육에 활용하는 것은 또 다른 문제이다. 특히 챗GPT가 본격적으로 서비스된 지 3개월도 채 되지 않은 시점에서 국내 수도권의 한 국제학교 학생들이 이를 이용하여 영문 에세이를 쓴 후 전원 0점 처리된 사실이 밝혀져 충격을 주고 있다.

그러나 싱가포르에서는 챗GPT를 활용한 교사 연수를 통해 학생들이 이를 비판적으로 사용할 수 있도록 가르쳐야 하며, 평가에서는 인공지능이 생성할 수 없는 분야의 내용을 다루어야 한다고 주장한다.[1] 또한 IB(International Baccalaureate, 인터내셔널 바칼로레아)는 챗GPT와 같은 인공지능 소프트웨어의 사용을 금지하지 않으며, 인용 가능한 하나의 자료로 활용하되 출처를 명확히 밝히고 진위 여부를 판단하여 사용하도록 권장하고 있다.[2]

우리나라에서도 서울시교육청과 충남교육청에서 2023년 2월 말, 대화형 AI 챗봇 활용을 위한 연수 자료를 발 빠르게 보급하였다.[3][4] 그러나 아직 교육계 전반에서는 챗GPT를 학생들에게 바로 적용하는 것은 문제가 발생할 수 있다는 의견이 더 많은 상황이다. 이러한 혼돈의 상황 속에서 챗GPT를 교육적으로 어떻게 활용할 수 있을지 알아보자.

---

1) https://www.straitstimes.com/singapore/politics/students-teachers-will-learn-to-properly-use-tools-like-chatgpt-chan-chun-sing
2) https://www.theguardian.com/technology/2023/feb/27/chatgpt-allowed-international-baccalaureate-essays-chatbot
3) https://v.daum.net/v/20230226101727477
4) 대화형 AI 챗봇 활용 도움자료, 2023년 2월, 충남교육청

01. 매일 실천하는 인성교육 카드 만들기

저자는 담임 교사로서 학생들과 매일 아침 조례 시간에 좋은 글귀들을 소개하며 하루를 시작하곤 했다. 이러한 활동은 인성교육의 일환으로 그 효과가 크다.

빨강머리 앤에 나오는 명대사 10개를 쓰고, 표로 만들어줘.

No.	Helpful Phrase	Speaker
1	"Tomorrow is always fresh, with no mistakes in it."	Anne Shirley
2	"It's not what the world holds for you, it's what you bring to it."	Gilbert Blythe
3	"I am grateful for every day that is given to me."	Marilla Cuthbert
4	"It's not the end of the world."	Anne Shirley
5	"Life is worth living as long as there's a laugh in it."	Anne Shirley
6	"Kindred spirits are not so scarce as I used to think."	Anne Shirley
7	"I don't want sunbursts or marble halls, I just want you."	Anne Shirley
8	"We pay a price for everything we get or take in this world."	Matthew Cuthbert
9	"It's been my experience that you can nearly always enjoy things if you make up your mind firmly that you will."	Anne Shirley
10	"Isn't it nice to think that tomorrow is a new day with no mistakes in it yet?"	L.M. Montgomery

[그림 7-1] 챗GPT가 만든 빨강머리 앤에 나오는 명대사 리스트

생성된 10개의 명대사를 챕터 6의 SNS 게시물 대량으로 만들기를 참조하여 예쁜 이미지로 제작할 수 있다. 이렇게 만들어진 명대사 이미지는 단체 카톡방이나 학급 온라인 교실에 업로드할 수 있다.

[그림 7-2] 캔바에서 대량으로 만든 명대사 이미지

학생들과 매일 아침 시간에 할 수 있는 활동과 관련된 입력문의 예는 다음과 같다.

14세 학생들과 매일 할 수 있는 아침 운동 10일 챌린지를 표로 만들어줘.

10세 학생들에게 필요한 가치 덕목 10개를 영어와 한국어로 쓰고 표로 만들어줘.

중학생들에게 좋은 꿈에 관한 명언 10개를 표로 만들어 설명해 줘. 출처도 함께 써줘.

02. 학교 행사나 동아리 이름 짓기

학교에는 다양한 행사들이 있다. 과학 페스티벌, 영어 축제와 같은 이름도 괜찮지만, 이왕이면 학생들의 호기심을 불러일으킬 수 있는 이름을 따로 지어보는 것도 좋을 것이다. 과학 페스티벌 이름을 챗GPT로 한번 만들어 보자.

입력

중학생들이 과학과 친해질 수 있도록 과학 페스티벌을 개최할 거야. 페스티벌 이름을 중학생들에게 친근하면서도 호기심을 끌 수 있게 10개 만들어줘.

결과

1. "Wow! Science Festival" - 놀라운 과학 축제

2. "Science Odyssey" - 과학 탐험 축제

3. "Inquiry Expo" - 궁금증 탐구 축제

4. "Tech Trek" - 과학 기술 행진 축제

5. "Spark! Science Fair" - 과학의 불꽃 축제

(이하 생략)

이 외에도 동아리와 다양한 학교 행사의 이름을 지을 때도 도움을 받을 수 있으며, 구체적인 입력문의 예시는 다음과 같다.

중학생들을 대상으로 한 학교 체육대회 이름을 7개 지어 줘. 봄, 협동, 도전정신이 들어가야 해.

중학생들을 대상으로 한 현장 체험학습 이름을 10개 지어줘.

중학생들을 대상으로 메타버스를 만드는 기초 수준의 동아리를 만들 거야. 친근감이 있으면서도 소속 학생들에게 자신감을 부여하는 동아리 이름을 7개 지어줘.

03. 학부모/학생 대상 연수 도움받기

저자의 경우 학교 폭력과 선도, 안전을 담당하는 업무를 맡고 있다. 학생뿐만 아니라 학부모 대상으로도 반드시 연수를 해야 하는 분야이다. 실제로 신입생들을 대상으로 학교 폭력 예방 교육을 할 때 많은 고민이 되었다. 중학교에 입학한 지 얼마 되지 않아 모든 것이 낯선 신입생들인데, 어떻게 하면 학교 폭력 예방과 선도, 안전 교육을 불안감을 조성하지 않으면서도 친근하게 다가갈 수 있을지 말이다. 그래서 챗GPT의 도움을 받아보았다. 챗GPT가 써준

내용을 참고하되, 필요한 부분들을 선택해서 도입하는 것이 좋다. 좀 더 친절하거나 호소력 있는 내용으로 만들고 싶을 때는 추가 입력문을 제시하면 된다.

입력

중학교에 갓 입학한 신입생들을 대상으로 학교 폭력 예방과 학교 규칙 준수, 안전에 대해 교육을 할 때 필요한 도입 부분을 써줘. 엄마가 아이에게 하듯이 따뜻하고 친절한 말투를 사용하고, 학생들의 공감을 불러일으킬 수 있는 내용이어야 해.

결과

"안녕하세요, 새로 입학하신 신입생 여러분! 우리 학교에 오신 걸 환영합니다! 새로운 학교에서 많은 것들을 배울 수 있을 거예요. 하지만 새로운 것들을 배우는 것은 언제나 쉽지 않죠. 특히 학교에서는 다양한 문제와 상황이 발생할 수도 있습니다. 그중에 가장 중요한 문제 중 하나가 학교폭력이에요. 하지만 걱정하지 마세요. 저희 학교는 학교폭력을 예방하고 대처할 수 있는 시스템을 가지고 있어요. 그리고 이를 위해서는 학생들, 학부모님, 선생님들이 함께 협력하는 게 필요합니다. 우리 학교에서는 모든 학생들이 서로 존중하고 따뜻한 인간관계를 유지할 수 있도록 노력하고 있어요. 또한 학교 규칙을 지키는 것도 중요합니다. 학교 안에서는 학생들의 안전과 학교 생활의 원활함을 위해 다양한 규칙이 만들어져 있답니다. 마지막으로, 학교 안에서 안전하게 생활할 수 있도록 교육도 제공될 거예요. 모든 학생들이 즐겁고 안전한 학교 생활을 할 수 있도록 저희 학교에서 최선을 다할게요. 함께 노력하며 즐거운 학교 생활을 만들어 봐요!"

다음은 학부모와 학생 교육 활동에 도움이 되는 입력문의 예시이다.

중학교 신입생 자녀를 둔 학부모들을 대상으로 한 학교폭력 예방 교육의 도입 부분을 학부모들이 자녀를 믿고 학교에 맡길 수 있겠다는 신뢰가 생길 수 있도록 친절하게 써줘.

신학기 처음으로 학생들을 만났을 때 수업 시간에 지켜야 할 규칙 다섯 개를 알려줘. 정확하면서도 호소력이 있게 전달해야 해.

학생들에게 욕을 해서는 안 되고 바른 언어생활을 해야 한다는 것과 학생들이 실천할 수 있는 구체적인 방법을 세 가지 안내하려고 해. 단호하면서도 친절한 말투로 전달할 수 있도록 알려줘.

04. 영어 플래시 카드 만들기

동명사를 처음 접하는 학생들에게 동명사를 만드는 방법을 여러 가지 예시를 보여 주며 수업하려고 한다. 이때 학생들에게 친숙한 동사를 사용하고, 학생들이 좋아할 만한 캐릭터들을 추가해서 플래시 카드로 만든다면 학습 효과가 향상될 것이다. 먼저 챗GPT를 활용해서 동명사의 예를 만들어 보자.

입력

중학교 1학년이 알 수 있는 기본 동사 10개와 이들의 동명사 형태, 그리고 한국어 뜻을 표로 만들어줘.

결과

Verb	Gerund Form	Korean Meaning
Read	Reading	읽기
Write	Writing	쓰기
Listen	Listening	듣기
Speak	Speaking	말하기
Study	Studying	공부하기
Play	Playing	놀기
Eat	Eating	먹기
Run	Running	달리기
Swim	Swimming	수영하기
Dance	Dancing	춤추기

[그림 7-3] 챗GPT가 생성한 동명사 목록

　만들어진 동명사 자료는 캔바를 이용하여 쉽게 플래시 카드로 만들 수 있다. (챕터 6의 SNS 게시물 대량으로 만들기 참조) 여기서 한 가지 주의할 점은 대량으로 제작할 동명사 플래시 카드가 두 가지 종류라는 것이다. 한 장은 동사원형, 그리고 다음 장에 동명사를 보여 주는 것이 학습 효과가 더 크기 때문이다.

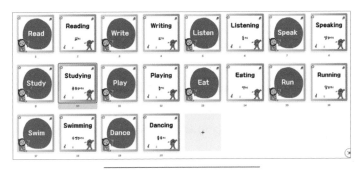

[그림 7-4] 대량으로 만들어진 동명사 플래시 카드

　위에서 만들어진 플래시 카드는 다음의 큐알코드를 통해 체험해 볼 수 있다.

[그림 7-5] 동명사 플래시 카드

다음은 플래시 카드를 대량으로 만들 수 있는 입력문의 예시이다.

중학교 1학년 학생들이 이해할 수 있는 일반동사 10개, 한국어 뜻, 현재분사, 과거분사를 표로 만들어줘.

사람의 감정을 나타내는 과거분사 형용사 10개와 한국어 뜻을 표로 나타내고 이모지를 추가해 줘.

원소 주기율표를 만들고 한국어 뜻도 추가해 줘.

05. 유형별 문제 다양하게 만들기

챗GPT를 활용해서 다양한 형태의 영어 문제들을 만들어 보자. 이때 주의할 것은 반드시 이 문제를 풀 학습자들의 연령이나 수준을 명시해 주어야 한다. 또한, 챗GPT의 답변이 항상 정확하지는 않기 때문에 만들어진 문제와 답은 교사가 반드시 점검해 보아야 한다.

5-1 객관식 문제

영어 교과에서 배우는 관계대명사, 수 일치, 시제 등 문법 문제를 다양하게 만들 수 있다. 수 일치 문제를 만들어 보자.

입력

10세 학생이 풀 수 있는 영어 문법의 수 일치 관련 객관식 문제를 2개 만들고 답도 알려줘.

결과

1. Which sentence uses the correct verb tense?

A) He will went to the store yesterday.

B) She have finished her homework already.

C) They are eating dinner right now.

D) I goes to the park every day.

Answer: C) They are eating dinner right now.

2. Which sentence has the correct subject-verb agreement?

A) The dogs barks at the mailman every morning.

B) The bird chirps a beautiful song.

C) The teachers teaches math and science.

D) The children is playing outside.

Answer: B) The bird chirps a beautiful song.

5-2 주관식 문제

입력

12세 학생이 풀 수 있는 쉬운 예문의 현재완료 주관식 문제를 2개 만들고 예시 답안도 알려줘.

결과

1. Have you ever been to a different country? (다른 나라에 가 본 적 있나요?)

Answer: The answer will vary depending on the individual child. They might say, "Yes, I've been to Mexico with my family" or "No, I've never been outside of the United States." (Yes나 No로 대답하는 예시 답안 제시)

2. What is something you have learned recently? (최근에 배우고 있는 것은?)

Answer: The answer will vary depending on the individual child, but it might be something like, "I have learned how to play a new song on the guitar" or "I have learned about the solar system in science class." (기타로 새로운 노래 연주하기, 과학 시간에 태양계에 관해 배우기 등)

5-3   빈칸 채우기 문제

입력

12세 학생이 풀 수 있는 대화문 형식의 현재완료 빈칸 문제 5개를 만들고 답도 알려줘.

결과

1. John: _____ you finished your science project yet?

    Mary: Yes, I _____ it last night.

Answer:

John: Have you finished your science project yet?

Mary: Yes, I finished it last night.

2. Rachel: _____ you seen the new movie?

    Tim: No, I _____ it yet. Is it good?

Answer:

Rachel: Have you seen the new movie?

Tim: No, I haven't seen it yet. Is it good?

(이하 생략)

5-4 매드립

매드립(madlibs)은 일종의 단어 게임이다. 특정한 주제(감정, 운동, 계절, 음악, 학교 등), 문법, 품사 관련 학습을 할 때 조건에 맞는 단어들을 전혀 상황에 맞지 않는 지문에 넣는 활동이다. 문법 혹은 품사에 알맞은 단어를 넣었지만, 문맥에 맞지 않아서 학생들의 흥미를 유발할 수 있다.

매드립 제작 방법은 다음과 같다. 먼저 교사가 학습지에 미리 조건에 맞는 단어와 지문을 준비한다. 그리고 지문 안에 단어들이 들어갈 곳에 빈칸을 만들어 둔다. 학생들은 교사가 제작한 학습지에 조건에 맞는 단어들을 집어넣는다. 학생들이 완성한 지문을 읽어 보면 매우 웃긴 상황이 만들어진다. 이러한 매드립 활동은 어휘 수업에 많이 쓰이며, 다양한 조건으로 변형이 가능하다. 그러나 매드립 활동지는 제작이 쉽지 않은데 챗GPT의 도움을 받으면 단번에 만들 수 있다.

예를 들어 과거분사 형용사를 배우고 난 후, 매드립 활동을 하며 단어 공부를 할 수 있다. 먼저 챗GPT에 매드립 문제를 요청해 보자.

입력

10세 학생이 이해할 수 있을 만큼 쉬운, 사람의 감정을 나타내는 과거분사 형용사 8개를 알려줘. 그리고 이를 활용해서 10세 학생이 풀 수 있는 매드립을 만들어줘.

결과

Worried, Scared, Confused, Embarrassed, Ashamed, Annoyed, Bored, Jealous

Madlib:

I was _____ (past participle adjective) when I realized that I had lost my phone. I had been _____ (adjective) all day because I couldn't find it. I retraced my steps and

searched every room in the house, but it was nowhere to be found. I started to feel
_____ (past participle adjective) because I really needed my phone. Then, my sister
walked in and started teasing me about losing it. I felt so _____ (past participle
adjective) and _____ (past participle adjective) that I wanted to cry. I told her to stop,
but she kept going, and it made me even more _____ (past participle adjective).
Finally, my mom came in and found my phone under a pillow on the couch. I was so
_____ (past participle adjective) and _____ (past participle adjective) that I gave
my mom a big hug.

5-5 지문을 바탕으로 문제 만들기

챗GPT는 지문을 새롭게 생성하여 문제를 만들 수 있을 뿐만 아니라, 내가 원하는 내용을 제공한 후 이를 토대로 문제를 생성할 수도 있다. 학생 안전 교육 중 자전거 이용에 관한 행정안전부의 자료를 토대로 여러 가지 유형의 문제를 만들어 보자. 객관식과 주관식 등 두 가지 유형의 문제를 함께 요청하는 것도 가능하며, 문제와 관련된 내용은 입력문 앞이나 뒤에 붙여넣기를 하면 된다.

입력

다음 지문에서 객관식 문제 한 개와 주관식 문제 한 개를 만들어줘.

- 자신의 몸에 맞는 자전거를 선택하고 몸에 맞는지 체크합니다.
- 물건을 핸들에 걸고 타지 않습니다.
- 뒤쪽을 주의하고 진로를 급하게 변경하지 않습니다.
- 경주하듯 달리지 않습니다.
- 도로의 오른쪽을 1열로 주행합니다.

- 차(자전거)와의 거리는 약 자전거 한 대, 내리막일 때는 2~3대의 간격을 둡니다.
- 차의 교통신호를 반드시 지킵니다.
- 정지할 때 수신호와 함께 소리로 뒤쪽의 사람에게 알립니다.
- 내리막길에서 속도가 너무 빠르면 제어가 되지 않을 수 있으므로 브레이크를 잡고 천천히 내리막길을 내려옵니다.
- 앞사람의 지시나 통행을 잘 살핍니다.[5]

결과

객관식 문제:

안전한 자전거 이용을 위해 옳은 설명은 무엇인가요?

A. 경주하듯 달리면서 빠른 속도로 주행해야 한다.
B. 자전거를 선택할 때 몸에 맞는지 체크해야 한다.
C. 진로 변경을 급하게 해도 상관없다.

정답: B. 자전거를 선택할 때 몸에 맞는지 체크해야 한다.

주관식 문제:

안전한 자전거 이용 방법에 대해 한 가지 예시를 들어 설명해 주세요.

예시 정답: 안전한 자전거 이용을 위해 도로의 오른쪽을 1열로 주행해야 합니다. 이렇게 하면 자동차와의 거리를 적절히 유지할 수 있고, 다른 차량들과 충돌할 확률을 줄일 수 있습니다.

이번에는 학생들이 안전 교육을 받은 후 알게 된 내용을 스스로 정리할 수 있도록 서·논술형 문제를 만들어 보자.

---

[5]　행정안전부 – 중고등학생을 위한 안전한 자전거 타기(2019),
https://news.seoul.go.kr/traffic/archives/501335

입력

위의 지문에서 서 · 논술형 문제를 두 개 만들어줘.

결과

서술형 문제 1:
안전한 자전거 이용을 위해 왜 자신의 몸에 맞는 자전거를 선택하고 체크해야 하는지 설명해 주세요.

예시 정답:
자신의 몸에 맞는 자전거를 선택하고 체크해야 합니다. 이는 자전거의 안정성과 조작성을 확보하기 위함입니다. 적절한 크기와 조정된 시트와 핸들을 통해 자전거를 효과적으로 조종할 수 있으며, 편안하게 주행할 수 있습니다. 몸에 맞지 않는 자전거는 조작이 어렵고 불편할 수 있으며, 제어력을 상실하여 안전상의 문제가 발생할 수 있습니다. 따라서 자신의 신체 구조와 특성에 맞는 자전거를 선택하고 이를 체크하는 것이 중요합니다.

서술형 문제 2:
안전한 자전거 이용을 위해 왜 차와의 거리를 유지해야 하는지 설명해 주세요.

예시 정답:
차(자전거)와의 거리를 유지해야 하는 이유는 안전성과 사고 예방을 위함입니다. 적절한 거리를 유지하면, 예상치 못한 상황에 대비하여 반응할 수 있는 여유를 확보할 수 있습니다. 자전거와 차량 간 충돌을 방지하고, 서로의 주행 공간을 존중함으로써 교통 흐름을 원활하게 유지할 수 있습니다. 또한 차량과 충돌 시 더 큰 위험에 노출될 수 있으므로 안전 거리를 유지하는 것이 중요합니다. 따라서 안전한 자전거 이용을 위해 차와의 거리를 약 자전거 한 대의 간격으로 유지하고, 내리막길에서는 2~3대의 간격을 두는 것이 권장됩니다.

마지막으로 OX와 True of False 문제도 생성해 보자.

입력

위의 지문에서 OX 문제를 세 개 만들어줘.

결과

OX 문제 1:

안전한 자전거 이용을 위해 "도로의 왼쪽을 1열로 주행한다"는 설명은 옳은가요?

정답: X (도로의 오른쪽을 1열로 주행해야 합니다.)

OX 문제 2:

안전한 자전거 이용을 위해 "내리막길에서는 브레이크를 잡고 천천히 내려올 필요가 없다"는 설명은 옳은가요?

정답: X (내리막길에서 속도를 제어하기 위해 브레이크를 잡고 천천히 내려와야 합니다.)

OX 문제 3:

안전한 자전거 이용을 위해 "차(자전거)와의 거리는 약 자전거 한 대를 유지해야 한다"는 설명은 옳은가요?

정답: O (차와의 충돌을 방지하기 위해 약 자전거 한 대 정도의 거리를 유지해야 합니다.)

입력

위의 지문에서 True or False 문제를 두 개 만들어줘. 단, 한 개는 True가 정답이고 나머지 한 개는 False가 정답이 되도록 해줘.

결과

True or False 문제 1:

안전한 자전거 이용을 위해 "정지할 때 수신호와 함께 소리로 뒤쪽의 사람에게 알립니다"는 설명은 맞는가요?

정답: True

True or False 문제 2:

안전한 자전거 이용을 위해 "도로의 왼쪽을 1열로 주행한다"는 설명은 맞는가요?

정답: False

06. 국어 토론 수업하기

국어 교과에서 토론은 듣기와 말하기, 읽기, 쓰기 등 언어의 네 기능을 골고루 사용할 수 있는 활동이다. 또한, 주장과 근거, 반론과 반박 등 논리의 일관성이 중요하므로 교사 혼자서 이 모든 과정을 준비하고 진행하며 피드백을 제공하는 데는 어려움이 있다. 이럴 때 챗GPT에 토론의 단계별로 다양한 도움을 받을 수 있다.

6-1 주장 펼치기

먼저 토론에 알맞은 주제를 선정하는 것이 중요하다. 토론에 대한 개념이 잘 정립되지 않은 학생들은 토론과 토의를 헷갈려 하기도 하고, 찬성과 반대가 나뉘는 주제를 잘 생각해 내지 못할 때도 있다. 기존 수업에서는 친구들과 함께 브레인스토밍을 하게 했다면, 이제는 챗GPT로 주제 예시 목록을 쉽고 빠르게 만들어 공유해 주자.

국어 시간에 활용할 토론 주제라 하더라도 교사가 자료를 만들 때 입력문은 영어로 쓰는 것이 좋다. 토론에 대한 학습 데이터가 영어를 기반으로 한 경우가 많아 같은 질문이라 하더라도 한국말과 영어일 때 그 결과가 현저하게 차이가 난다.

[한국말로 질문한 경우]

- 핸드폰이 좋을까, 나쁠까?
- 동물원에 가야 할까, 가지 말아야 할까?
- 돈이 중요한가, 아닌가?
- 외모가 중요한가, 아닌가?

[영어로 질문한 경우]

- 학교는 학생들에게 교복을 입게 해야 할까요?
- 반려동물이 학교 교실에 들어올 수 있어야 할까요?
- 학생들은 학교에서 핸드폰을 사용할 수 있어야 할까요?
- 학생들에게 숙제는 필수적인가요?

만약 검색 결과가 교사의 수업 의도와 목적, 학교급이나 연령에 맞지 않는다면 다음과 같이 추가로 질문할 수 있다. (이하 토론 관련 내용은 모두 프롬프트 지니를 활용하여 영어로 번역한 후 질문한 결과임)

입력

사회적 이슈가 반영되면서도 찬반 논란이 될 수 있는 토론 주제를 10개 알려줘. 대신 초등학교 6학년 학생들이 이해하기에 쉬운 내용으로 골라줘.

결과

1. 어떤 사람들은 매우 부유하고 다른 사람들은 매우 가난한 것이 공정한가요?
2. 동물원에서 동물들을 우리의 엔터테인먼트를 위해 유지하는 것이 바람직한가요?

> 3. 새로운 약을 개발하기 위해 동물실험을 하는 것이 옳은가요?
>
> 4. 사람들이 호랑이나 원숭이와 같은 이국적인 애완동물을 소유할 수 있어야 할까요?
>
> 5. 인간에게 치명적인 질병인 코로나19와 같은 질병에 대한 백신 접종을 의무화해야 할까요?
>
> (이하 생략)

이렇게 토론에 적합한 예시 주제 목록을 공유하면 학생들은 항상 이보다 더 창의적인 아이디어를 만들어 낸다. 특히 학생들이 토론해 보고 싶어하는 흥미로운 주제를 생각했는데 근거를 찾기 어려워 교사의 피드백을 필요로 한다면 이 또한 챗GPT에 물어볼 수 있다.

입력

> 초등학교 6학년 학생들이 '키가 작은 것이 더 좋다'라는 주장에 대한 적절한 근거를 찾고 있어.
> 키가 작으면 더 좋은 구체적인 이유를 초등학교 수준에서 세 가지 알려줘.

결과

> 1. 키가 작은 사람들은 큰 공간보다 작은 공간에 더 잘 들어갈 수 있습니다. 이것은 숨바꼭질하거나 비밀 장소를 찾는 데 유용할 수 있습니다.
>
> 2. 키가 작은 사람들은 종종 체육 활동 중에 더 잘 움직일 수 있습니다. 예를 들어 체조를 할 때 더 유연하고 균형을 잘 잡을 수 있습니다.
>
> 3. 키가 작은 사람들은 건강을 유지하기 위해 큰 사람보다 적은 양의 음식과 자원이 필요합니다. 이것은 음식이 부족한 상황에서 유용할 수 있습니다.

초등학교 학생들의 실제 삶과 관련된 재미있는 근거를 알려주었다. 이렇게 주장 펼치기 단계에서는 챗GPT를 활용하여 토론 주제 목록과 주장에 알맞은 근거를 브레인스토밍하는 데 큰 도움이 된다.

6-2 반론하기

　　토론 수업을 할 때 가장 까다로운 단계가 반론하기이다. 상대방의 주장에 대한 근거 중 가장 취약하다고 생각하는 점을 골라 논리 정연하게 반박해야 하는데, 학생들이 모둠 내에서 스스로 찾아내는 데는 한계가 있다. 반 전체가 하나의 토론 주제를 가지고 함께 토론을 진행하는 경우라면 모를까, 한 반 안에서 모둠별 다른 주제로 토론 수업을 진행한다면 교사도 매번 적절한 피드백을 제공하기가 쉽지 않다. 이럴 때도 챗GPT의 도움을 받을 수 있다.

입력

초등학교 토론 수업에서 반론하기 단계를 진행하고 있어. 주장과 근거는 다음과 같아.

주장: 사람은 키가 작은 것이 더 좋다.
근거: (1~3번 제시)

나는 키가 큰 것이 더 좋다라고 생각하는, 앞선 주장과 근거에 대해 반대하는 측이야. 앞서 제시한 근거 중 가장 취약한 것을 하나 고른 후 왜 그렇게 생각하는지, 해당 근거는 어떤 점에 오류가 있는지 등 반론에 필요한 내용을 알려줘.

결과

"키가 작은 사람이 더 낫다"는 주장에 대해 제시된 근거 중 가장 취약한 근거는 키가 작은 사람이 건강을 유지하는 데 키가 큰 사람보다 음식과 자원이 덜 필요하다는 내용입니다. 가능한 반론은 다음과 같습니다.

반론: 키가 작은 사람이 키가 큰 사람보다 음식과 자원이 덜 필요할 수 있는 것은 사실이지만 이것이 반드시 키가 작은 것이 더 좋다는 것을 의미하지는 않습니다. 사실, 키가 큰 사람들은 다른 환경에서 생존하고 번성하는 데 있어서 특정한 이점을 가질 수 있습니다.

(키가 큰 사람들의 이점 세 가지 나열 생략)

따라서 음식과 자원이 덜 필요하기 때문에 키가 작은 사람이 더 낫다는 근거는 주장을 뒷받침할 충분한 근거가 되지 못합니다. 어떤 상황에서는 키가 작은 사람이 특정 이점을 갖는 것이 사실일 수 있지만 키가 크면 고려해야 할 많은 이점도 있습니다.

이런 화려한 언변에 밀리면 토론 판정단에게 좋은 점수를 받지 못한다. 반론을 제시했다면 반박도 가능할 것이다. 챗GPT는 하나의 채팅창 안에서는 앞서 나눈 대화의 상황과 맥락을 기억하고 있으므로 명령어를 길게 입력할 필요가 없다.

입력

해당 반론에 대한 상대 측의 반박을 세 문장으로 만들어 줘.

결과

반박: 키가 크면 멀리서 잠재적인 위험을 발견하는 것과 같은 특정 상황에서 이점이 있는 것은 사실이지만, 키가 작은 것도 여전히 많은 이점이 있습니다. 예를 들어 키가 작은 사람은 종종 작은 공간에서 작업하거나 곡예 동작을 수행하는 데 더 적합합니다. 또한 일부 문화권에서는 키가 작은 것이 바람직하거나 귀여운 것으로 간주됩니다.

6-3 주장 다지기

토론의 마지막 단계인 주장 다지기는 앞서 단계별로 진행했던 주장과 근거, 반론과 반박 등을 모두 다루게 된다. 토론을 마무리 지으며 각자 주장과 근거에 쐐기를 박는 작업이라고 볼 수 있다. 이때는 주장 다지기 단계 내에서 챗GPT를 사용하기보다, 토론 판정단의 역할을 맡기는 것이 좋다. 열띤 토론에 적극적으로 참여했어도 막상 토론 판정단이 논리 정연하게 결과를 판단하지 못한다면, 학생들의 토론에 대한 흥미와 동기가 많이 떨어질 것이다. 학생들도 AI가 토론 판정단이라고 하면 결과에 더 잘 수긍하지 않을까?

입력

나는 초등학교 교사로서 국어 시간에 토론 수업을 진행하고 있어. 동물 실험과 관련된 주제에 대한 찬성과 반대 측의 주장과 근거, 반론과 반박 내용을 확인한 뒤 어느 쪽이 더 논리적인지 고르고 그 이유를 설명해줘.

(찬성 측 주장과 근거, 반론과 반박 순으로 제시)
(반대 측 주장과 근거, 반론과 반박 순으로 제시)

결과

논쟁의 양측을 평가한 후, 주로 약물 개발에서 동물 실험의 중요성과 인간의 건강과 복지에 대한 잠재적 이점 때문에 동의하는 쪽이 더 논리적인 입장을 가진 것으로 보입니다.

동의하는 쪽은 대체 방법의 존재를 인정하지만 이러한 대체 방법이 신약의 안전성과 효능을 예측하는 데 항상 효과적이거나 신뢰할 수 있는 것은 아니라고 주장합니다. 반면에 반대 측은 대안이 지속적으로 효과적이라는 실질적인 증거를 제공하지 않고 윤리와 대안의 존재를 더 강조합니다.

또한 동의하는 쪽은 실험 목적으로 동물을 사용하는 윤리적 문제를 인식하고 동물을 가능한 한 인도적으로 대우하고 가능한 한 대안을 찾는 것을 지원합니다. 이 균형 잡힌 접근 방식은 약물 개발에서 동물 실험의 중요성을 고려하는 동시에 윤리적 문제도 인정합니다.
결론적으로 동의하는 쪽은 생명을 구하는 의약품 개발을 위한 동물실험의 필요성과 인간의 건강에 대한 잠재적인 이점을 강조하는 동시에 윤리적 문제와 동물을 인도적으로 대우하고 대안을 모색해야 할 필요성을 인정함으로써 보다 논리적인 주장을 제시합니다.

단, 토론에 대한 판정 결과를 확인하는 대화는 GPT-4 모델에서 진행하였다. GPT-3.5의 경우 다음과 같이 답변을 미루는 경우가 자주 발생하기 때문이다.

결과

AI 언어 모델로서 토론에서 제시된 주장과 증거에 대해 주관적인 판단이나 평가를 할 수 없습니다. 양측이 제시한 주장과 증거를 평가하고 주장의 질과 당면한 주제와의 관련성에 따라 결정을 내리는 것은 토론 심사위원단의 몫입니다.

07. 서·논술형 평가에 활용하기

요즘 서·논술형 평가의 중요성이 대두되면서 국어뿐만 아니라 다양한 과목에서 서·논술형 평가가 진행되고 있다. 서·논술형 평가는 글쓰기 과정에서 교사가 피드백을 제공하는 데 시간과 노력이 많이 들 뿐만 아니라 채점 기준표 마련 및 실제 채점에도 많은 시간이 소요된다. 이러한 과정을 챗GPT와 함께 진행해 보자.

7-1 채점 기준표 만들기

챗GPT를 활용하여 논설문을 평가할 수 있는 적절한 채점 기준표를 만들어 보자. 이때 평가와 관련된 상황과 맥락, 제공하는 정보가 구체적일수록 교사의 의도와 목적에 알맞은 결과를 도출할 수 있다.

입력

초등학교 6학년 국어 교과에서 다음과 같이 쓰기 과정중심평가를 실시하려고 해.

성취 기준: [6국03-04] 적절한 근거와 알맞은 표현을 사용하여 주장하는 글을 쓴다.
단원: 4. 주장과 근거를 판단해요
평가 요소: 타당한 근거를 들어 알맞은 표현으로 논설문 쓰기
평가 방법: 논술형 평가

학생들의 논설문을 읽고 100점 만점으로 평가할 수 있는 분석적 채점 기준표를 만들어줘. 기준은 총 3개이며, 각각의 기준에 따른 배점은 중요도에 따라 알아서 배분해줘. 각각의 평가 기준에 따라 상중하의 3단계 척도로 기술하되, 각각을 몇 점으로 배분할 지도 알아서 결정해줘.

결과

분석적 채점 기준표 (총 100점)

1. 주장의 명확성 (40점)

- 상 (31~40점): 주장이 명확하게 제시되어 있고, 주제에 대한 핵심 요소를 포함하며, 글 전체의 구조를 이해하는 데 도움이 된다.
- 중 (21~30점): 주장이 어느 정도 명확하게 제시되어 있지만, 주제에 대한 핵심 요소가 부족하거나 글 전체의 구조를 이해하는 데 다소 어려움이 있다.
- 하 (0~20점): 주장이 불분명하거나 없으며, 주제에 대한 핵심 요소가 부족하고 글 전체의 구조를 이해하는 데 어려움이 있다.

2. 타당한 근거 제시 (40점)

- 상 (31~40점): 근거가 충분하고 타당하며, 주장을 뒷받침하는 데 효과적이다. 근거와 주장 사이의 연결이 명확하다.
- 중 (21~30점): 근거가 다소 부족하거나 타당하지 않아 주장을 완전히 뒷받침하지 못한다. 근거와 주장 사이의 연결이 다소 불분명하다.
- 하 (0~20점): 근거가 거의 없거나 부적절하며, 주장을 뒷받침하는 데 실패한다. 근거와 주장 사이의 연결이 불분명하다.

3. 알맞은 표현 사용 (20점)

- 상 (16~20점): 문장 구조와 어휘 사용이 적절하며, 글 전체가 일관성 있고 가독성이 높다.
- 중 (6~15점): 문장 구조와 어휘 사용에 다소 어색함이 있어 글 전체의 일관성과 가독성이 다소 떨어진다.
- 하 (0~5점): 문장 구조와 어휘 사용이 부적절하여 글 전체의 일관성과 가독성이 매우 떨어진다.

만약 해당 내용 중 교사의 의도와 목적이 제대로 반영되지 않아 수정이 필요하다면 다음과 같이 추가 요청을 할 수 있다.

> 위에 제시된 세 가지 평가 기준 중에서 '알맞은 표현 사용' 항목에 맞춤법과 띄어쓰기 관련 내용도 추가해 줘.

> 2번 타당한 근거 제시의 배점을 60점으로 바꾸고 근거 세 가지의 적절성을 각각 판단하여 한 가지 근거 당 20점 만점으로 채점할 수 있도록 바꿔줘.

> 평가 기준을 주장과 근거, 알맞은 표현이 아닌 서론과 본론, 결론으로 나누어 각 문단에 포함되어야 할 요소가 모두 있는지 확인하는 방식으로 채점 기준표를 다시 만들어줘.

7-2 평가에 활용하기

챗GPT는 평가 기준을 제시하면 학생들의 글을 평가해 주기도 한다. 단, 챗GPT의 평가는 학생들의 자기 평가나 동료 평가 결과와 같이 교사가 참고만 할 뿐 실제로 평가에 활용하기에는 부족한 점이 많다. 매번 입력할 때마다 평가 결과가 조금씩 다르고, 교사가 평가 결과에 대한 근거나 이유를 되물으면 '죄송합니다'라며 평가 결과를 급하게 정정하는 등 신뢰도가 떨어지는 면이 있다. 또한, GPT-4와 GPT-3.5 모델의 평가 결과에 차이가 많고, 학생들의 글을 영어로 번역한 후 평가하는 것이 우리말로 적힌 그대로 평가하는 것보다 더 나은 결과를 보여 주는 등 평가 결과에 영향을 미치는 변수가 많다.

그렇다면 챗GPT가 실시한 평가는 어떻게 활용하는 것이 좋을까? 다인수 학급인 경우, 또는 자신의 글을 스스로 평가하기 어려운 학생들의 경우 챗GPT의 도움을 받을 수 있다. 챗GPT의 평가 결과를 참고하여 논설문에서 부족하거나 추가해야 할 점을 스스로 파악한 후, 이를 수정하도록 할 수 있다.

입력

아래 글을 위 기준에 따라 평가하고, 그 이유를 설명해줘.

저는 학교 교복 착용이 좋지 않다고 생각합니다.
불편함으로 인해 학업에 집중하기 어렵습니다. 때로는 개인의 옷을 입고 싶은 마음이 들기도 합니다. 교복의 치마를 착용할 때에는 계속해서 치마에 신경 쓰게 되며, 추위를 느끼게 됩니다.
따뜻한 바지를 입거나 담요를 덮고 싶어도, 일부 학교에서는 교복 이외의 외투 착용을 금지하고 있습니다.
그러므로 학교에서 교복을 착용하는 것이 바람직하지 않다고 판단합니다.

결과

1. 주장의 명확성 (40점): 중 (25점)

- 주장이 어느 정도 명확하게 제시되어 있습니다 ("학교 교복 착용이 좋지 않다고 생각합니다"). 하지만, 주제에 대한 핵심 요소와 글 전체의 구조에 대한 추가 설명이 있으면 도움이 될 것입니다.

2. 타당한 근거 제시 (40점): 상 (35점)

- 근거가 충분하고 타당합니다 (불편함, 개인 옷 착용의 욕구, 추위, 외투 착용 금지). 주장을 뒷받침하는 데 효과적이며, 근거와 주장 사이의 연결이 명확합니다.

3. 알맞은 표현 사용 (20점): 중 (12점)

- 문장 구조와 어휘 사용이 전반적으로 어색하지 않지만, 일부 문장에서 표현이 더 정교하고 명확할 수 있습니다. 글 전체의 일관성과 가독성이 다소 떨어집니다.

종합적으로, 이 글은 주장이 어느 정도 명확하며 근거가 타당하게 제시되어 있지만, 표현이 다소 개선될 수 있습니다. 이러한 이유로 글의 주장과 근거가 전반적으로 잘 전달되고 있으나, 표현의 정교함과 일관성이 높아질수록 더 완성도 있는 글이 될 것입니다.

특히 맞춤법과 띄어쓰기, 글의 흐름과 주어-서술어 호응 관계 등 교사가 개별 학생들을 일일이 지도하는 데 시간과 노력이 많이 들 때 챗GPT를 보조교사로 활용할 수 있다. 아래 사진은 챗GPT의 확장 프로그램인 editGPT를 활용하여(챕터 8 참고) 교복 착용을 반대하는 논설문에 대해 글의 흐름과 명료성을 향상시킬 수 있도록 요청한 결과이다. 학생들은 챗GPT의 첨삭 결과를 참고하여 글을 고쳐 쓸 수 있다.

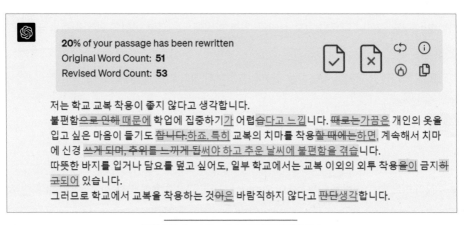

[그림 7-6] ChatGPT+editGPT로 글을 첨삭한 결과

단, 학생들이 글의 초안을 작성하는 단계에서는 챗GPT를 직접적으로 사용하지 않는 것이 좋다. 챗GPT는 자연어 처리에 능숙하기 때문에 학생들이 챗GPT로 쓴 글을 그대로 가져와 과제를 제출해도 교사가 이를 확인할 수 있는 방법이 없다. 실제로 학습 관리 시스템 중 하나인 구글 클래스룸에도 표절 여부를 확인할 수 있는 원본성 보고서 기능이 있지만, 저자가 챗GPT로 작성한 글을 직접 입력한 후 확인해 본 결과 표절이 아닌 것으로 나왔다.

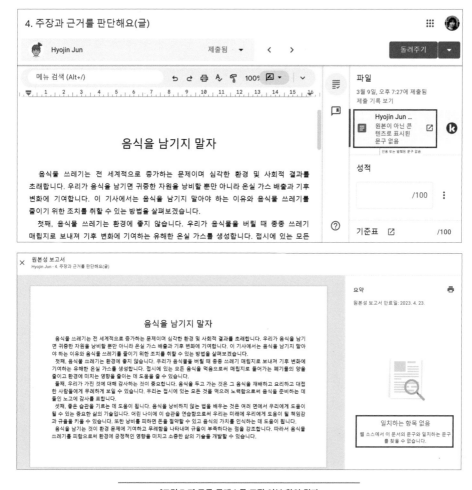

[그림 7-7] 구글 클래스룸 표절 여부 확인 결과

08. API+구글 스프레드시트로 학생 맞춤형 자료 제작하기

GPT 기술을 대화 형태로 구현한 것이 챗GPT라면, 이 기술을 다른 프로그램에서도 쉽게 구현할 수 있도록 하는 것이 바로 API이다. API는 Application Programming Interface(응용 프로그램 인터페이스)의 약자로, 서로 다른 소프트웨어 시스템을 연결해 주는 역할을 한다. 챗GPT의 기능을 카카오톡 채널인 AskUp에서 사용할 수 있게 된 것도 업스테이지라는 회사가 OpenAI에서 제공하는 API를 활용하여 해당 서비스를 개발했기 때문이다.

교사로서 학교 현장에서 AskUp 같은 프로그램을 직접 개발하여 쓸 수는 없지만, 구글 스프레드시트와 같이 평소에 자주 사용하는 클라우드 기반 프로그램에 API를 접목하면 충분히 교육적인 목적을 달성할 수 있다.

8-1 API 활용 시 장점

❶ 학생 회원 가입 불필요

구글 스프레드시트에 OpenAI사의 API를 연동해서 사용하면 학생들이 개인적으로 챗GPT 사이트에 접속하거나 회원 가입을 하지 않고도 구글 스프레드시트에서 해당 기능을 바로 활용할 수 있다. 구글 스프레드시트는 사용자 추가 또는 링크의 형태로 손쉽게 공유와 협업이 가능하므로 학급에서 사용하는 온라인 학습 플랫폼에 탑재하면 누구나 필요할 때 사용할 수 있다.

❷ 저렴한 가격

챗GPT의 유료 서비스는 월 22달러(부가세 포함), 약 30,000원의 요금을 지불해야 한다. 매월 꾸준히 사용한다면 연간 30만 원이 넘는 적지 않은 금액이다. 챗GPT의 API를 활용하면 내가 사용한 만큼 지불하는 방식이므로 월 단위 구독보다 훨씬 저렴한 금액으로 서비스를 이용할 수 있다.

많은 사람이 챗GPT 유료 계정을 사용하고 있으면 API 사용료도 무료인 줄 알고 있지만, 그 두 가지 서비스는 별개이므로 각각 따로 요금을 지불해야 한다. 그렇다면 API 사용료는 어느 정도인지 구체적으로 알아보자.

아래 그림은 저자가 2023년 4월 1일부터 4월 16일까지 이용한 API 사용량을 그래프로 나타낸 것이다. 가장 많이 쓴 날짜는 4월 8일이며, 요금은 0.06달러, 한화로 약 80원 정도이다.

[그림 7-8] API 사용량 확인 결과

이날은 지식샘터에서 교사 대상으로 챗GPT 연수를 하면서 당일 자정까지 API를 연동한 구글 스프레드시트로 해당 기능을 마음껏 실습해 보시라고 공유해 드린 날이었다. 많은 선생님께서 실습한 실제 사용량을 구체적인 날짜와 함께 시간대별로 확인할 수 있었다.

Usage this month

$0.08 / $120.00

Daily usage breakdown (UTC)

| 2023년 4월 8일 ∨ | All org members ∨ |

Language model usage 371 requests ∧

오전 12:00 31 requests ∧

오전 12:30 Local time: 2023년 4월 8일 오전 9:30
gpt-3.5-turbo-0301, 29 requests
1,313 prompt + 366 completion = 1,679 tokens

오전 12:35 Local time: 2023년 4월 8일 오전 9:35
gpt-3.5-turbo-0301, 2 requests
329 prompt + 296 completion = 625 tokens

[그림 7-9] 시간대별 사용량 및 월 요금

API 요금은 토큰(Token)이라고 불리는 일종의 단어 조각의 개수에 따라 부과되는데, 챗GPT의 API의 경우 토큰 1,000개(영단어 약 750개)당 0.002달러(약 3원)이다. 한 달에 아무리 많이 쓴다 하더라도 챗GPT 유료 서비스 가격인 월 22달러를 초과하기는 쉽지 않을 것으로 보인다.

❸ 교육적 용도로만 활용 가능

챗GPT 서비스의 이용 약관에 따르면 13세 이상인 경우에만 사용할 수 있으므로, 초등학교 학생들이 챗GPT를 직접 사용하는 것은 약관에 어긋난다. 저자 또한 초등학교 교사로서 학생들이 챗GPT를 무분별하게 사용하는 것을 원하지 않는다. 일단 학생들이 챗GPT와 어떤 대화를 할지 알 수 없고, 대화 결과는 원하면 언제든지 삭제가 가능하므로 교사가 일일이 모니터링할 수도 없다.

챗GPT의 API를 구글 스프레드시트와 연동하여 사용하면, 교사가 수업에 필요한 명령어를 미리 입력하여 학생들이 해당 기능만을 제한적으로 활용할 수 있다. 영한/한영 번역이나 부진 학생들을 위한 한국어 발음 확인, 토론 주제와 근거의 적절성 여부 판단, 띄어쓰기와 맞춤법 확인 등 학생들이 자신의 학습 결과를 스스로 성찰할 수 있도록 구성할 수 있다.

8-2   구글 스프레드시트 & API 연동하기

❶ 부가기능 설치하기

먼저 구글 스프레드시트에 부가기능을 설치해야 한다. 구글 드라이브에서 구글 계정으로 로그인한 후, + 새로 만들기 - Google 스프레드시트를 선택한다. 상단 메뉴에서 확장 프로그램 - 부가기능 - 부가기능 설치하기를 선택한다.

[그림 7-10] 구글 스프레드시트에서 부가기능 설치하기

구글 워크스페이스 마켓플레이스에서 gpt를 검색한 후 GPT for Google Sheets and Docs
를 선택하여 설치한다.

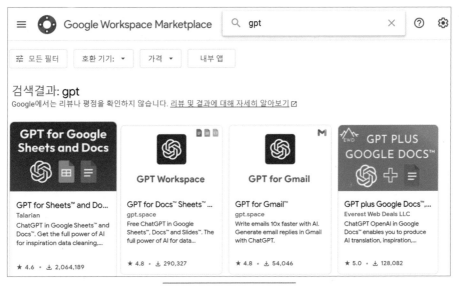

[그림 7-11] 구글 워크스페이스 마켓플레이스에서 **gpt**를 검색한 결과

[그림 7-12] GPT for Google Sheets and Docs 설치

각종 권한을 허용한 뒤 설치를 하면 구글 스프레드시트의 확장 프로그램 메뉴에서 GPT for Sheets and Docs를 확인할 수 있다.

❷ API 키 생성하기

OpenAI의 API는 아래 사이트에서 확인할 수 있다.

https://platform.openai.com

사이트에 접속한 후 챗GPT에 회원 가입할 때 사용했던 이메일이나 구글, 마이크로소프트 계정 등을 사용하여 로그인한다. 만약 새로운 계정으로 API 키를 생성하거나 챗GPT를 한 번도 사용해 보지 않은 경우라면 Sign up을 선택하여 회원 가입 절차를 진행한다.

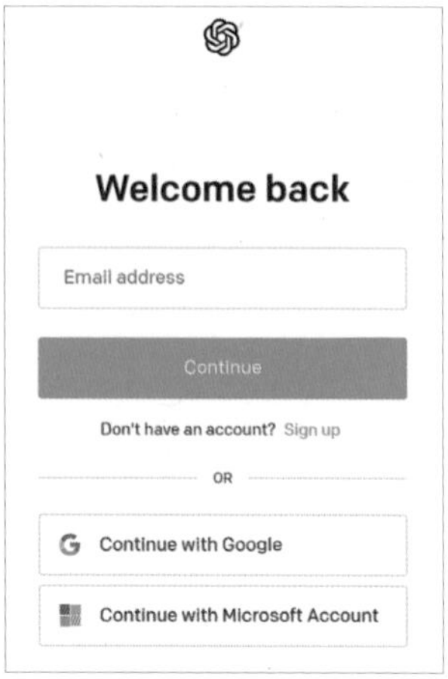

[그림 7-13] OpenAI 플랫폼 사이트 로그인 화면

로그인 후 첫 화면에서 오른쪽 상단 프로필 및 Personal을 클릭한 후 Manage account 메
뉴를 선택한다.

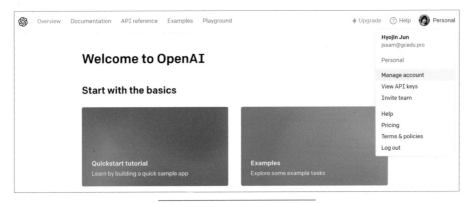

[그림 7-14] OpenAI 플랫폼의 Manage account 메뉴

API는 앞서 설명한 것처럼 사용한 만큼 지불하는 후불제 서비스이다. 그래서 API 키를 생
성하기 위해서는 사전에 내 카드 정보를 입력해야 한다. 왼쪽 메뉴에서 Billing - Overview를
선택한 후 Set up paid account를 클릭한다.

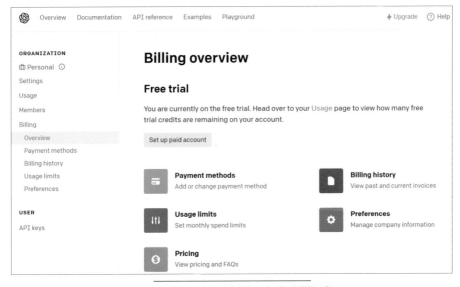

[그림 7-15] OpenAI 플랫폼에서 카드 정보를 입력하는 메뉴

팝업 메뉴를 활용하여 내 카드 정보를 순서
대로 입력한 후 Set up payment method를
선택한다. 이때 5달러의 해외 결제가 발생하
는데, 이는 승인 보류 상태이며 7일 이내에
자동 취소되므로 걱정하지 않아도 된다.

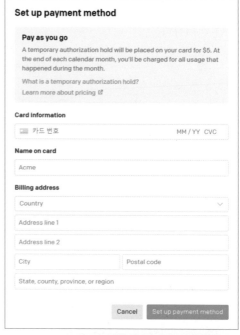

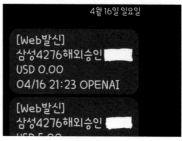

[그림 7-16] 결제 정보 입력 과정 및 승인 보류 결제

결제 정보를 모두 입력하였다면 이제 API 키를 생성할 수 있다. 왼쪽 메뉴에서 API keys를
선택한 후 + Create new secret key를 클릭한다.

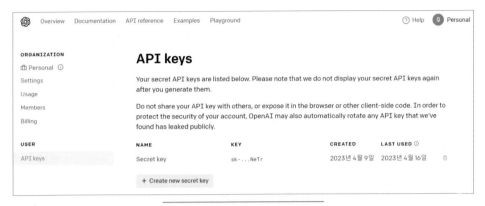

[그림 7-17] API 키 생성 메뉴

API 키의 이름을 입력한 후 Create secret key를 클릭한다.

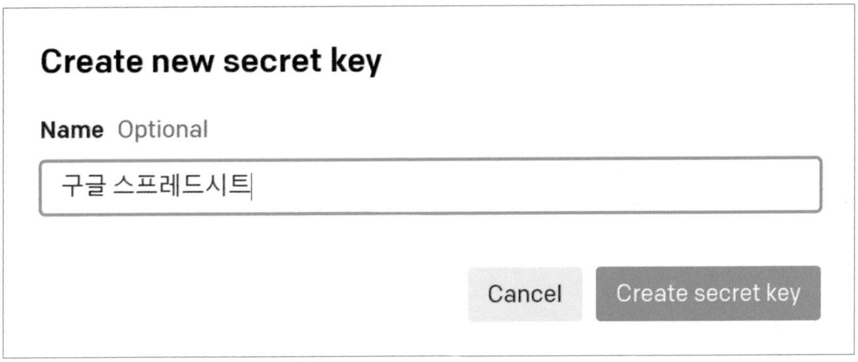

Create new secret key

Name Optional

구글 스프레드시트|

Cancel   Create secret key

[그림 7-18] API 키 이름 정하기

API 키가 생성된 것을 확인할 수 있다. 키 오른쪽의 복사하기 메뉴를 활용하여 API 키 전체를 복사할 수 있다. 이렇게 생성된 API 키는 보안상의 이유로 Done을 클릭하여 팝업을 닫는 순간 더 이상 확인할 수 없으므로, 지정된 장소에 백업을 하거나 새로운 키를 다시 생성해야 한다.

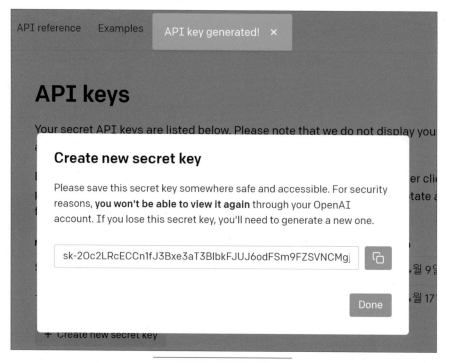

[그림 7-19] 생성된 API 키

지금까지 생성된 API 키 목록을 확인할 수 있다. 기존에 입력한 이름으로 키를 구분할 수 있으며, 오른쪽 끝에 있는 휴지통 아이콘을 활용하여 발급한 키를 삭제할 수도 있다.

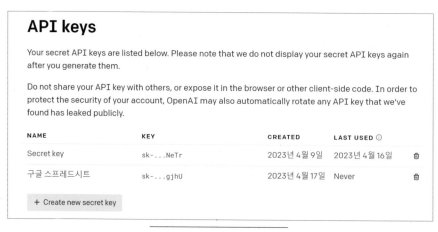

[그림 7-20] 내가 생성한 API 키 목록

❸ API 키 입력하기

구글 스프레드시트로 돌아와 확장 프로그램 - GPT for Sheets and Docs - Launch & Enable functions를 선택한다. 오른쪽에 나타난 사이드바에서 API 키를 붙여넣기 한 후 Next 를 클릭한다.

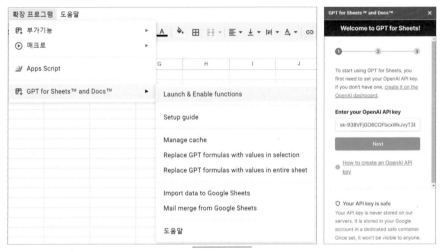

[그림 7-21] 확장 프로그램 사이드바에서 API 키 입력

간단한 튜토리얼 및 결제 관련 안내 후 동의 과정을 거치면 해당 부가기능을 사용할 수 있 다. 입력한 API 키는 왼쪽 상단 메뉴(Home 왼쪽 세로 줄 세 개)에서 확인할 수 있으며, API 키를 바꾸거나 삭제할 수 있다.

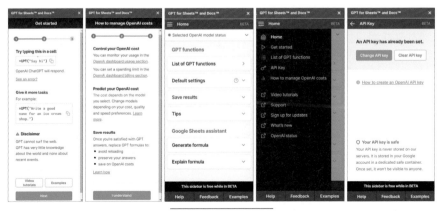

[그림 7-22] API 키 세팅 및 확인 과정

8-3 학생 맞춤형 자료 제작하기

API 키를 생성하여 입력까지 완료하였다면 이제는 구글 스프레드시트에서 챗GPT 기능을 활용하여 학생 맞춤형 자료를 제작할 수 있다. 앞서 설치한 부가기능 GPT for Sheets and Docs은 구글 스프레드시트에서 챗GPT와 관련된 새로운 함수를 사용할 수 있도록 하는 역할을 한다. 예를 들어 기존의 구글 스프레드시트에는 없는 GPT라는 함수를 사용하여 다음과 같이 결과를 만들어 낼 수 있다.

[그림 7-23] GPT 함수로 명령어를 입력한 결과

이 밖에도 챗GPT와 관련된 다양한 함수들을 해당 부가 기능의 사이드바를 통해 확인할 수 있으며, 사용법을 안내하는 예시나 튜토리얼 등도 확인할 수 있다. 여기서는 가장 간단한 GPT 함수를 사용하되, 교사의 의도와 교육적인 용도에 적합한 방향으로 활용할 수 있는 방법을 소개하고자 한다.

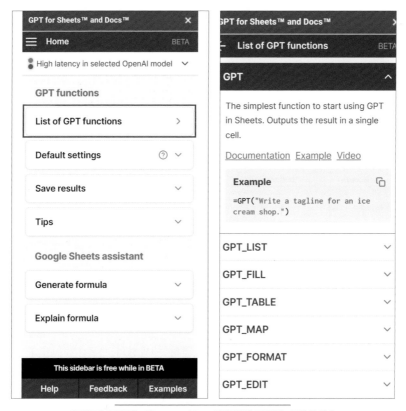

[그림 7-24] GPT for Sheets and Docs 사이드바의 GPT 기능 목록 및 안내

　저자는 초등 영어 교사로서 학생들에게 영어를 가르치면서 가장 어렵게 느껴지는 영역이 쓰기였다. 특히 고학년 학생들의 경우 모국어 사용 능력은 높은데 반해 영어 의사소통 능력은 상대적으로 낮으므로 자신이 원하는 만큼 글로 표현하는 데 한계가 있다. 또한, 영어 글쓰기 분량이 늘어나면서 학생 간 격차가 두드러지고, 구두점과 대소문자 등 신경 써야 할 부분도 많아진다. 그 결과 학년이 올라갈수록 점점 영어에 대한 흥미와 동기가 떨어지는 현상이 발생한다.

　이러한 문제를 해결하기 위해 수업 시간에 파파고나 구글 번역기를 많이 사용한다. 번역기도 무턱대고 반대할 것이 아니라 오류를 최소화하며 잘 쓰는 방법을 배우는 과정이 필요하다. 그런데 번역기를 사용하다 보면 가장 많이 발생하는 문제가 바로 난이도 조절이다. 학생들은 번역기를 믿고 내가 하고 싶은 말을 그대로 입력하는 경우가 많은데, 자칫 교사에게도 어려운 문장이 나와서 실제로 문장을 사용하지 못할 때가 잦다. 그럴 때 아래와 같이 구글 스프레드시트에서 영어 번역 및 문장의 난이도를 쉽게 만드는 작업을 동시에 구현할 수 있다.

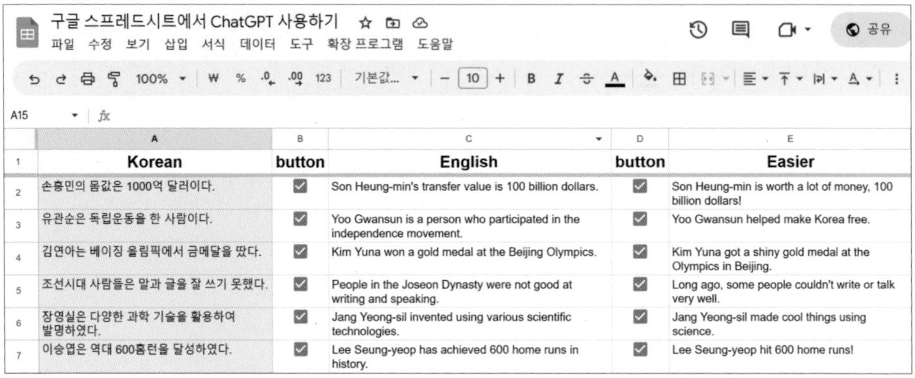

	A	B	C	D	E
1	Korean	button	English	button	Easier
2	손흥민의 몸값은 1000억 달러이다.	☑	Son Heung-min's transfer value is 100 billion dollars.	☑	Son Heung-min is worth a lot of money, 100 billion dollars!
3	유관순은 독립운동을 한 사람이다.	☑	Yoo Gwansun is a person who participated in the independence movement.	☑	Yoo Gwansun helped make Korea free.
4	김연아는 베이징 올림픽에서 금메달을 땄다.	☑	Kim Yuna won a gold medal at the Beijing Olympics.	☑	Kim Yuna got a shiny gold medal at the Olympics in Beijing.
5	조선시대 사람들은 말과 글을 잘 쓰기 못했다.	☑	People in the Joseon Dynasty were not good at writing and speaking.	☑	Long ago, some people couldn't write or talk very well.
6	장영실은 다양한 과학 기술을 활용하여 발명하였다.	☑	Jang Yeong-sil invented using various scientific technologies.	☑	Jang Yeong-sil made cool things using science.
7	이승엽은 역대 600홈런을 달성하였다.	☑	Lee Seung-yeop has achieved 600 home runs in history.	☑	Lee Seung-yeop hit 600 home runs!

[그림 7-25] 한국어를 영어로 번역 및 문장의 난이도를 낮추는 구글 스프레드시트 예시

만드는 방법은 다음과 같다. 먼저 1행에 내가 원하는 섹션의 제목(Korean, English, Easier 등)을 입력한다. 이때 1행을 고정시키면(1행 선택 - 마우스 우클릭 - 행 작업 더보기 - 1행까지 고정) 스크롤을 내려도 제목은 계속 상단에 고정되어 있어 편리하다. 학생들이 입력할 셀은 색깔로 구분하여 눈에 잘 띄게 해주는 것이 좋다. GPT 함수를 실행하는 버튼은 노란색 셀에 내용을 입력하거나 수정을 완료한 후, 내가 원할 때 함수가 실행되도록 하는 역할을 한다.

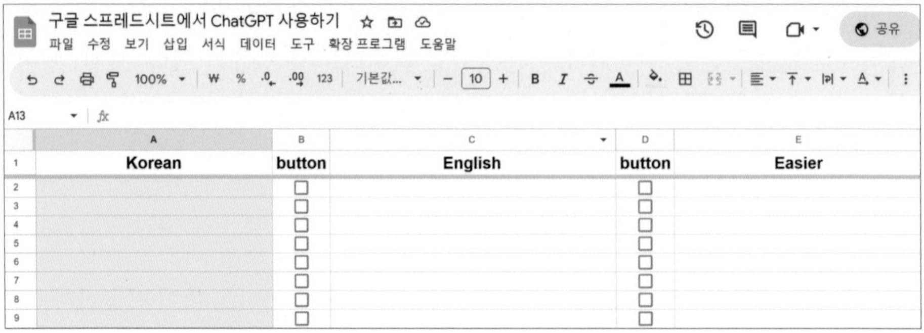

	A	B	C	D	E
1	Korean	button	English	button	Easier
2		☐		☐	
3		☐		☐	
4		☐		☐	
5		☐		☐	
6		☐		☐	
7		☐		☐	
8		☐		☐	
9		☐		☐	

[그림 7-26] 행 제목 입력 후 행 고정한 결과

이제 지정된 셀에 GPT 함수를 사용하여 내가 원하는 기능이 구현되도록 할 차례이다. 먼저 C열(English)에는 A열(Korean)에 입력한 한글 문장을 영어로 바꾸도록 명령할 것이다. 단, B열(button)의 체크박스를 클릭할 때만 함수가 적용되도록 해보자. C열에 아래와 같이 입력하면 된다.

```
=IF(OR(ISBLANK(A2),B2=FALSE),"",GPT("Make this sentence in English.",A2))
```

위의 함수가 어렵게 느껴진다면 어떤 의미를 갖고 있는지 챗GPT에게 물어볼 수 있다.

입력

아래에 제시된 함수가 무슨 뜻인지 쉽게 설명해 줘.
=IF(OR(ISBLANK(A2),B2=FALSE),"",GPT("Make this sentence in English.",A2))

결과

이 함수는 다음과 같은 역할을 합니다:

IF, OR, ISBLANK 함수를 사용하여 조건을 확인합니다.

- 만약 A2 셀이 비어 있거나 B2 셀의 값이 FALSE인 경우, 함수는 빈 문자열("")을 반환합니다.
- 위 조건이 만족되지 않는 경우, GPT 함수를 사용하여 A2 셀에 있는 문장을 영어로 변환합니다.

간단히 말하면, 이 함수는 A2 셀이 비어 있거나 B2 셀의 값이 FALSE일 때 빈 문자열을 반환하고, 그렇지 않으면 A2 셀의 문장을 영어로 변환하여 반환합니다. 상대 참조를 사용하므로 함수를 다른 셀로 복사하거나 이동하면 참조하는 셀도 함께 이동합니다.

E열(Easier)에는 C열(English)에 입력된 영어 문장을 더 쉽게 바꾸도록 명령할 것이다. E열에 아래와 같이 입력하면 된다.

```
=IF(OR(ISBLANK(C2),D2=FALSE),"",GPT("Make this sentence easier in 1st grade English",C2))
```

GPT 함수를 활용하여 명령한 내용은 한국말로 'C2열의 문장을 1학년 수준의 영어로 쉽게 만들어 주세요.'이다. 챗GPT는 영어를 기반으로 하다 보니 3~4학년 수준의 영어도 한국 학생들에게는 어렵게 느껴질 수 있으므로, 1학년 수준으로 쉽게 써달라고 한 것이다.

이러한 기능은 명령어를 한국어로 적어도 작동하므로, 다양한 교과에서 활용 가능하다.

[그림 7-27] 국어 교과 토론의 근거 알아보기 자료 예시 및 한국어 명령

A	B	C
토론 주제	**버튼**	**근거**
민트 초콜릿은 밀크 초콜릿보다 맛있다.	☑	1. 민트 초콜릿은 밀크 초콜릿보다 더 상쾌하고 청량한 맛이 있어서 많은 사람들이 좋아한다. 2. 민트 초콜릿은 밀크 초콜릿보다 더 건강한 재료로 만들어지기도 한다. 예를 들어, 민트 초콜릿에는 신선한 민트 잎이 들어가서 소화를 돕고 체내 독소를 제거하는 효과가 있다. 3. 민트 초콜릿은 밀크 초콜릿보다 더 다양한 레시피로 만들어질 수 있다. 예를 들어, 민트 초콜릿에는 초콜릿 칩이나 크런치 등 다양한 추가재료를 넣어서 더욱 맛있게 즐길 수 있다.

[그림 7-28] 챗GPT가 알려준 민초파 주장의 근거

실제로 이렇게 만든 구글 스프레드시트가 잘 작동하는지 직접 확인해 보자. 아래 링크를 클릭하여 내 드라이브에 사본을 만든 후 부가기능을 설치하고, 나의 API 키를 입력하면 위 내용을 실습할 수 있다.

https://bit.ly/시트API

09. AI 리터러시와 디지털 시민성 교육하기

빠른 기술의 발전과 더불어 학교 현장에도 최근 몇 년간 에듀테크, 메타버스, 인공지능이라는 새로운 기술들이 빠르게 적용되고 있다. 그러다 보니 때로는 이러한 최첨단의 플랫폼들이 교육용으로 적합한지, 학생 연령에 맞는지 판단하기 어려울 때가 많다. 기술의 발전 속도가 빨라 정확한 지침이나 충분한 교육 자료들을 찾아보기도 어렵다. 이런 상황 속에서 전 세계의 다양한 웹 자료를 기반으로 하는 챗GPT를 이용하여 AI 리터러시 교육 및 디지털 시민성 교육 자료들을 찾을 수 있었다. 해당 교육을 실시할 때 필요한 자료들을 부분적으로 참고할 수 있다.

9-1 AI 리터러시 교육 활동하기

먼저 초등학생들을 대상으로 한 AI 리터러시 교육 자료를 요청해 보자.

입력

초등학생들에게 필요한 AI 리터러시 교육 내용을 알려줘.

결과

1. AI에 대한 소개

AI란 무엇인가요?

AI의 역사와 발전 과정 소개

AI가 우리 생활에서 어떻게 사용되고 있는지 예시 제시

2. AI의 기본 개념

데이터와 패턴 인식

머신러닝과 딥러닝 소개

AI의 작동 방식 이해하기

3. AI 활용 사례

음성 비서 (예: Siri, Google 어시스턴트)

추천 시스템 (예: Netflix, YouTube 추천)

자율 주행 차량 (예: 테슬라의 자율 주행 기술)

의료 진단과 치료 (예: 암 진단 보조 시스템)

4. AI의 한계와 윤리적 고려 사항

AI의 한계와 오류 가능성

AI의 공정성과 편견 문제

개인 정보 보호와 AI

(이하 생략)

여기에서 4. AI의 한계와 윤리적 고려 사항을 더 공부해 보고 싶었다. 그래서 이 부분에 대한 내용을 챗GPT에게 추가로 요청했다.

입력

다음 내용을 11세 아이가 이해할 수 있을 정도의 수준으로 쉽게 설명해 줘.

AI의 한계와 윤리적 고려 사항

- AI의 한계와 오류 가능성
- AI의 공정성과 편견 문제
- 개인 정보 보호와 AI

결과

AI의 한계와 오류 가능성:

AI는 많은 작업에서 우리를 도와줄 수 있지만 아직 완벽하지 않다는 것을 알아야 해요. AI는 학습을 통해 일을 수행하는데 이 학습 과정에서 잘못된 정보나 잘못된 판단을 할 수도 있어요. ...(이하 생략)

AI의 공정성과 편견 문제:

또한 AI는 가끔씩 공정하지 않을 수도 있어요. 이는 AI가 학습하는 데이터에 따라 발생할 수 있어요. ...(이하 생략)

개인 정보 보호와 AI:

AI는 많은 양의 데이터를 필요로 하기 때문에 개인 정보 보호에 대한 고려가 필요해요. 개인 정보란 우리의 이름, 주소, 전화번호 등 우리에 대한 개인적인 정보를 의미해요. 이러한 정보가 잘못된 사람들의 손에 넘어가면 문제가 발생할 수 있어요. ...(이하 생략)

위의 내용을 바탕으로 하여 학생들과 AI 리터러시에 대한 활동을 두 가지로 구성해 보았다. 첫 번째는 브레인스토밍 활동으로, 학생들이 생각하는 AI에 대해 모둠별로 자유롭게 작성해 보도록 한다. 캔바에서 브레인스토밍 템플릿을 활용하여 모둠별 활동을 할 수 있다.

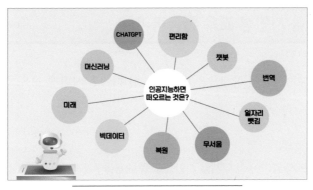

[그림 7-29] 인공지능에 대한 브레인스토밍 활동

챗GPT가 알려준 AI의 한계와 윤리적 고려 사항을 함께 공부한 후, 배운 내용을 토대로 인 포그래픽 게시물을 만들게 할 수 있다. 캔바에서 인포그래픽을 검색하여 적당한 템플릿을 사 용하되, 초등학생의 경우 학년의 특성에 맞게 그림이 많이 들어가는 포스터나 스토리보드로 바꾸어도 좋다.

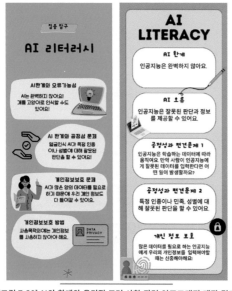

[그림 7-30] AI의 한계와 윤리적 고려 사항 관련 인포그래픽 제작 결과   [그림 7-31] 캔바에서 브레인스토밍 모둠 활동하는 방법

9-2 디지털 시민성 교육 활동하기

챗GPT에 초등학교 3, 4학년 학생들을 대상으로 한 디지털 시민성 교육 자료를 요청해 보자.

입력

8세 학생들이 반드시 알아야 할 디지털 시민성 교육 내용을 7가지 써줘.

> **결과**
>
> 1. 온라인 안전: 8세 학생들은 온라인에서 안전하게 활동하기 위해 개인 정보 보호 방법과 비밀
>   번호 보안, 신뢰할 수 있는 웹사이트와 앱 사용법 등을 배워야 합니다.
> 2. 온라인 예의: 온라인 상에서 다른 사람들을 존중하고 예의를 갖추는 것이 중요합니다. 사이버
>   헤이트, 혐오 발언, 불쾌한 콘텐츠 전파 등을 방지하고 건강한 커뮤니티를 형성하기 위한 방
>   법을 배워야 합니다.
> 3. 정보 검색 및 평가: 온라인에서 필요한 정보를 검색하고 평가하는 방법을 익혀야 합니다. 신
>   뢰할 수 있는 소스와 사실과 허위를 구별하는 능력을 키워야 합니다.
>
> (이하 생략)

이러한 내용을 함께 공부한 후, 이 중에서 나와 친구들에게 가장 필요하다고 생각되는 디지털 시민성 교육 내용을 다섯 가지 선택하게 한다. 고른 내용을 스스로 실천할 것을 다짐하며 디지털 시민성 포스터 만들기 활동을 할 수 있다. AI 리터러시 교육과 마찬가지로 캔바에서 포스터를 검색한 후, 마음에 드는 템플릿을 선택해서 제작하도록 한다.

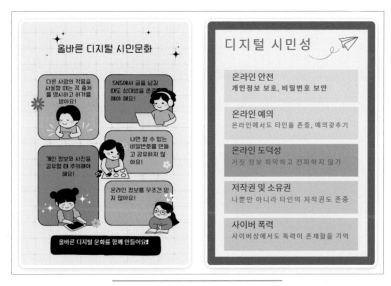

[그림 7-32] 디지털 시민성 관련 포스터 제작 결과

8

챗GPT와
시너지 효과를 내는 앱들

/

챗GPT는 자체 기능을 그대로 사용하는 것도 좋지만, 다른 프로그램들과 함께 사용하면 큰 시너지 효과를 낼 수 있다. 대표적인 예로 크롬 확장 프로그램이 있다. 챗GPT와 호환되는 각 종 크롬 확장 프로그램을 같이 설치해서 사용하면 챗GPT의 효과를 극대화할 수 있다. 선택 이 아니라 필수라 해도 과언이 아니니 꼭 설치해서 사용하길 바란다.

크롬 확장 프로그램을 설치하는 방법은 다음과 같다. 크롬 검색창에서 크롬 웹 스토어를 검색한 후 첫 번째 링크를 클릭하거나 다음 링크로 접속하면 된다.

https://chrome.google.com/webstore

[그림 8-1] 크롬 웹 스토어 접속

크롬 웹 스토어 첫 화면이다. 왼쪽 상단에 있는 스토어 검색에서 크롬 확장 프로그램의 이 름을 검색한 후 설치할 수 있다.

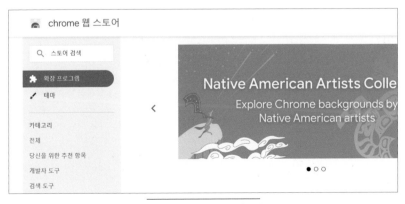

[그림 8-2] 크롬 웹 스토어 첫 화면

01. 노선으로 저장: ChatGPT to Notion

챗GPT에서 생성한 내용을 노선으로 저장하는 기능이다. 중요한 내용을 복사해서 붙이는 번거로움 없이 한꺼번에 노선으로 저장할 수 있으므로 참 편리한 기능이다.

크롬 웹 스토어에서 ChatGPT to Notion을 검색한 후 크롬에 추가한다.

[그림 8-3] ChatGPT to Notion

먼저 챗GPT에서 캔바 사용법을 검색한 후 결과문에 블록을 지정하고, 크롬 확장 프로그램인 ChatGPT to Notion을 클릭하면 노선에 자동으로 저장된다.

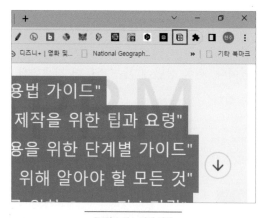

[그림 8-4] 노선에 저장

처음 저장할 때는 노션에서 저장할 위치를 선택하는 창이 나오는데, 장소를 지정해 두면 계속 그곳에 자동으로 저장이 된다.

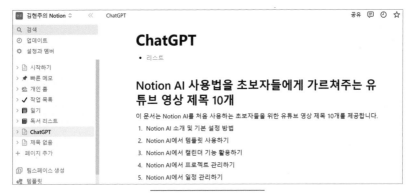

[그림 8-5] 노션에 저장된 챗GPT 내용들

02. 실시간 정보 접근: WebChatGPT

WebChatGPT를 사용하면 챗GPT에서 최신의 정보를 검색할 수 있고, 정보의 출처도 함께 확인할 수 있다. 챗GPT가 2021년 9월 이후의 정보에 취약하고 검색 결과에 대한 출처를 밝히지 못하는 등의 단점을 보완할 수 있다.

크롬 웹 스토어에서 WebChatGPT를 검색한 후 크롬에 추가한다.

[그림 8-6] WebChatGPT

설치 후 새로 고침을 하면 WebChatGPT가 적용된 챗GPT 화면을 볼 수 있다. 입력창 아래에 Web access 메뉴와 함께 검색 조건을 설정할 수 있는 메뉴를 확인할 수 있다.

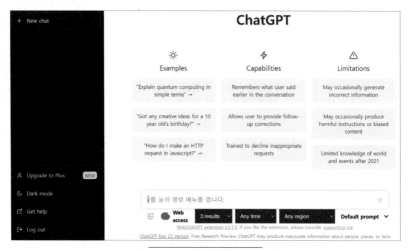

[그림 8-7] WebChatGPT가 설치된 챗GPT 화면

최신 정보가 필요한 주제를 활용하여 질문해 보자. 여기서는 챗GPT와 함께 사용할 수 있는 크롬 확장 프로그램에 대해 요청하였고, 웹 검색 결과는 세 가지, 지난 한 달 이내의 정보를 활용하도록 설정하였다.

[그림 8-8] WebChatGPT 기능을 활용한 정보 검색 예시

엔터키를 누르자마자 화면에 세 가지 종류의 정보가 나타나는 것을 확인할 수 있다. 첫 번째 정보는 내가 입력한 내용을 인터넷에 검색한 결과 및 출처이다. 확인해 본 결과 [1]은 3월 20일, [2]는 3월 28일, [3]은 3월 24일에 게시된 글이었다.

g   Web search results:

[1] "ChatGPT는 날이 갈수록 인기를 얻고 있으며, 이 서비스를 통해 거의 모든 것을 검색할 수 있기 때문에 당연한 결과라고 볼 수 있다. 크롬(Chrome) 사용자라면 브라우저에서 바로 ChatGPT 기능을 제공하는 확장 프로그램이 많다는 사실에 놀랄 수 있다. 다음은 브라우저에서 ChatGPT 기능을 사용할 수 있는 Chrome ..."
URL: https://mouseclick.tistory.com/entry/%EC%9C%A0%EC%9A%A9%ED%95%9C-%EC%B1%97gpt-ChatGPT-%ED%81%AC%EB%A1%AC-%ED%99%95%EC%9E%A5-%ED%94%EB%A1%9C%EA%B7%B8%EB%9E%A8-9%EA%B0%80%EC%A7%80

[2] "Google용 ChatGPT는 사용할 수 있는 또 다른 유용한 Google 크롬 확장 프로그램입니다. 이 ChatGPT 크롬 확장 프로그램은 검색 엔진 결과와 함께 AI 응답을 표시합니다. 이 확장 프로그램을 사용하는 방법은 다음과 같습니다. 1. Google Chrome 브라우저를 열고 다음을 ..."
URL: http://choesin.com/chrome%EC%97%90%EC%84%9C-chatgpt%EB%A5%BC-%EC%82%AC%EC%9A%A9%ED%95%98%EB%8A%94-%EB%B0%A9%EB%B2%95%EB%AA%A8%EB%93%A0-%EB%B0%A9%EB%B2%95-%ED%99%95%EC%9E%A5-%ED%94%EB%A1%9C%EA%B7%B8%EB%9E%A8

[3] "ChatGPT의 단점. 3. ChatGPT 크롬 확장 프로그램. ① WebChatGPT : 최신 데이터까지 활용가능한 프로그램. ② 프롬프트지니 : 자동 번역을 통해 정확도를 높여주는 프로그램. ③ AIPRM for ChatGPT : 정확한 결과를 얻을 수 있는 프롬프트 양식 프로그램. ④ Chat for Google : ChatGPT를 ..."
URL: https://companylifelab.tistory.com/entry/ChatGPT-%ED%99%9C%EC%9A%A9%EB%8F%84%EB%A5%BC-200-%EB%86%92%EC%97%AC%EC%A3%BC%EB%8A%94-%ED%81%AC%EB%A1%AC-%ED%99%95%EC%9E%A5-%ED%94%EB%A1%9C%EA%B7%B8%EB%9E%A8-4%EA%B0%80%EC%A7%80

[그림 8-9] 입력문과 관련된 인터넷 검색 결과 및 출처

두 번째 정보는 WebChatGPT가 내가 작성한 입력문을 토대로 원하는 검색 결과가 나오도록 추가로 영어 입력문을 자동으로 생성한 내용이다. 검색한 시기가 오늘 날짜인 4월 9일로 자동 입력됨을 확인할 수 있다.

Current date: 2023. 4. 9.

Instructions: Using the provided web search results, write a comprehensive reply to the given query. Make sure to cite results using [[number](URL)] notation after the reference. If the provided search results refer to multiple subjects with the same name, write separate answers for each subject.
Query: ChatGPT와 함께 사용할 수 있는 크롬 확장 프로그램을 두 가지 소개해줘.
Reply in 한국어

[그림 8-10] WebChatGPT가 추가 작성한 영어 입력문

마지막 정보는 위의 두 가지 내용을 토대로 작성된 챗GPT의 결과이다. 문장의 끝에는 몇 번째 링크의 정보를 참고하였는지 관련 링크도 함께 첨부되어 있어, 숫자를 클릭하면 해당 사이트로 바로 이동하여 내용을 확인할 수 있다.

1. WebChatGPT: 이 크롬 확장 프로그램은 최신 데이터까지 활용 가능한 프로그램으로, ChatGPT를 이용하여 정보를 검색할 수 있습니다[3].
2. 프롬프트지니: 이 크롬 확장 프로그램은 ChatGPT를 사용하여 정보를 검색하면서, 자동 번역 기능을 통해 검색 결과의 정확도를 높여 줍니다[3]. 이 프로그램을 사용하면 더욱 정확한 정보를 얻을 수 있습니다.

[그림 8-11] 챗GPT가 생성한 검색 결과

03. 웹 검색과 챗GPT를 동시에: ChatGPT for Google

ChatGPT for Google을 사용하면 웹 브라우저에서 특정 정보를 검색할 때 해당 검색어로 챗GPT 검색 결과를 동시에 확인할 수 있다.

크롬 웹 스토어에서 ChatGPT for Google을 검색한 후 크롬에 추가한다.

[그림 8-12] ChatGPT for Google

ChatGPT for Google은 챗GPT 사이트가 아닌, 일반 웹 검색 사이트에서 사용하는 프로그램이다. 구글 검색창에 '생성형 AI란?'이라는 질문을 입력하였더니 검색 결과 오른쪽에 챗GPT 검색 결과가 함께 나타나는 것을 볼 수 있다.

[그림 8-13] 구글 검색 및 챗GPT 검색 결과 화면

프로그램 이름에 구글이 포함되어 있지만, 무조건 구글 검색에서만 사용되는 것은 아니다. 크롬 브라우저로 네이버에 접속한 후 검색해도 똑같은 결과를 확인할 수 있다.

[그림 8-14] 네이버 검색 및 챗GPT 검색 결과 화면

오른쪽 챗GPT 검색 결과 창 하단의 Let's Chat 기능을 활용하여 챗GPT에 추가로 질문하기 위한 채팅을 진행할 수도 있다.

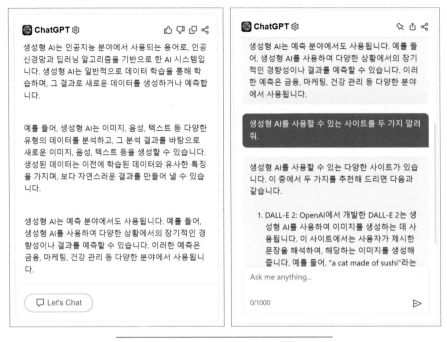

[그림 8-15] Let's Chat 기능 및 추가 질문과 결과 화면

GPT for Google은 검색 결과 창 오른쪽 상단에 있는 Share conversation 기능을 사용하여 검색 및 추가 질의 응답 결과를 링크의 형태로 공유할 수 있다는 점이 매우 편리하다.

[그림 8-16] ChatGPT for Google의 Share conversation 기능   [그림 8-17] 링크 생성하기

챗GPT와의 대화 내용은 해당 프로그램의 서버에 업로드되며, 사용자가 Creat Share Link 메뉴를 클릭하면 공유할 대화 내용을 새 탭에서 확인할 수 있다. 하단 메뉴 중 Copy를 선택하여 공유할 링크를 복사할 수 있으며, 아래와 같이 webapp.chatgpt4google.com으로 시작하는 링크가 생성되는 것을 볼 수 있다.

https://webapp.chatgpt4google.com/s/MTc5MTI1

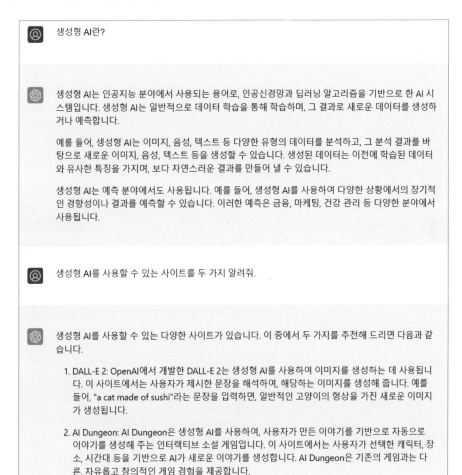

생성형 AI란?

생성형 AI는 인공지능 분야에서 사용되는 용어로, 인공신경망과 딥러닝 알고리즘을 기반으로 한 AI 시스템입니다. 생성형 AI는 일반적으로 데이터 학습을 통해 학습하며, 그 결과로 새로운 데이터를 생성하거나 예측합니다.

예를 들어, 생성형 AI는 이미지, 음성, 텍스트 등 다양한 유형의 데이터를 분석하고, 그 분석 결과를 바탕으로 새로운 이미지, 음성, 텍스트 등을 생성할 수 있습니다. 생성된 데이터는 이전에 학습된 데이터와 유사한 특징을 가지며, 보다 자연스러운 결과를 만들어 낼 수 있습니다.

생성형 AI는 예측 분야에서도 사용됩니다. 예를 들어, 생성형 AI를 사용하여 다양한 상황에서의 장기적인 경향성이나 결과를 예측할 수 있습니다. 이러한 예측은 금융, 마케팅, 건강 관리 등 다양한 분야에서 사용됩니다.

생성형 AI를 사용할 수 있는 사이트를 두 가지 알려줘.

생성형 AI를 사용할 수 있는 다양한 사이트가 있습니다. 이 중에서 두 가지를 추천해 드리면 다음과 같습니다.

1. DALL-E 2: OpenAI에서 개발한 DALL-E 2는 생성형 AI를 사용하여 이미지를 생성하는 데 사용됩니다. 이 사이트에서는 사용자가 제시한 문장을 해석하여, 해당하는 이미지를 생성해 줍니다. 예를 들어, "a cat made of sushi"라는 문장을 입력하면, 일반적인 고양이의 형상을 가진 새로운 이미지가 생성됩니다.

2. AI Dungeon: AI Dungeon은 생성형 AI를 사용하여, 사용자가 만든 이야기를 기반으로 자동으로 이야기를 생성해 주는 인터랙티브 소설 게임입니다. 이 사이트에서는 사용자가 선택한 캐릭터, 장소, 시간대 등을 기반으로 AI가 새로운 이야기를 생성합니다. AI Dungeon은 기존의 게임과는 다른, 자유롭고 창의적인 게임 경험을 제공합니다.

Shared with **ChatGPT for Google**   ⊘ Copy   Install Now

[그림 8-18] 링크로 공유한 대화 내용

04. 교정과 편집을 내 마음대로: editGPT

editGPT는 챗GPT를 교정과 편집에 최적화시켜 사용할 수 있도록 고안된 프로그램이다. 자신이 쓴 글을 스스로 확인하거나 교정하는 데 사용할 수도 있고, 교육에 종사하는 사용자들이 학생들에게 글쓰기 지도를 할 때도 유용하다. 특히 영어와 한국어 등 언어의 종류에 상관없이 모두 첨삭이 가능하여 활용도가 높다.

크롬 웹 스토어에서 editGPT를 검색한 후 크롬에 추가한다.

[그림 8-19] editGPT

editGPT를 설치한 후 새로 고침하면 Editing Disabled라는 메뉴가 새롭게 생긴 것을 확인할 수 있다. 해당 메뉴를 한 번 클릭하면 첨삭 기능을 활성화시킬 수 있고, 다시 한번 클릭하면 비활성화된다.

> 🖊 Editing Disabled
>
> Send a message...   ◁
>
> 🖊 Editing Enabled
>
> Send a message...   ◁

[그림 8-20] editGPT 기능 비활성화 상태(위)와 활성화 상태(아래)

editGPT 기능을 활성화시킨 상태에서 아래와 같이 내가 첨삭하고 싶은 문장을 작성하되, 앞에 첨삭 요청과 관련된 명령어(Proofread this:)를 추가해야 한다.

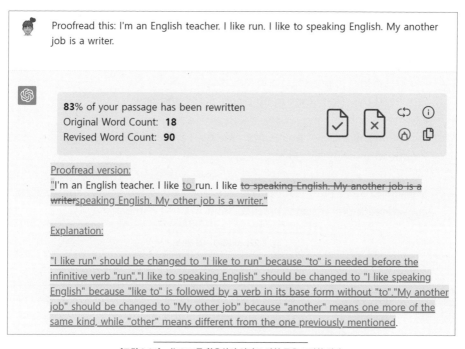

[그림 8-21] editGPT를 활용하여 영어로 적힌 글을 교정한 결과

편집 및 교정한 결과가 수치로 나타나며, 아래쪽에 수정한 표현과 함께 왜 수정이 필요한지 구체적인 이유도 함께 제시된다. ⓘ 메뉴를 클릭하면 아래와 같이 editGPT를 사용하는 구체적인 방법을 확인할 수 있다.

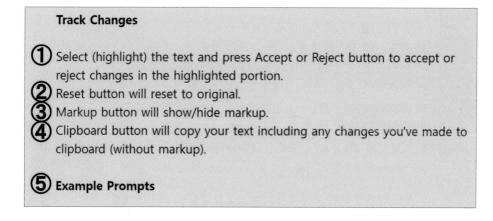

Proofread this but only fix grammar:
Proofread this:
Proofread this, lightly improving clarity and flow:
Proofread this, improving clarity and flow:
Proofread this, significantly improving clarity and flow:
Rewrite this, improving prose:
Proofread these bullet points from my CV, keep it in CV language:
Proofread these bullet points:

Everything after 'Proofread' or 'Rewrite' and before the first colon (:) will be considered a prompt and removed from the text comparison

[그림 8-22] editGPT 사용 안내

①		텍스트를 선택한 후 ☑ 또는 ☒를 클릭하여 첨삭한 내용에 대한 적절성 여부를 판단하세요.
②		첨삭 및 교정하기 전으로 되돌립니다.
③		색깔로 표시하거나 색깔을 없앱니다.
④		교정 및 첨삭한 결과를 복사합니다. (색깔 표시는 제외)
⑤	명령어 예시 이 문장(글)을 문법만 수정해서 교정해 주세요: 이 문장(글)을 교정해 주세요: 이 문장(글)을 교정하되, 명료성과 흐름을 약간 개선해 주세요: 이 문장(글)을 교정하되, 명료성과 흐름을 개선해 주세요: 이 문장(글)을 교정하되, 명료성과 흐름을 크게 개선해 주세요: 이 글이 좀 더 나아지도록 다시 써 주세요: 이 이력서의 내용을 CV(Curriculum vitae)의 형태를 유지하면서 교정해 주세요: 이 이력서의 내용을 교정해 주세요: 교정하다/다시 쓰다 뒤에 콜론(:)을 사용하면 해당 내용은 명령어로 인식하여 교정 및 첨삭 대상에서 제외됩니다.		

영어로 적힌 글을 교정한 결과로는 editGPT가 첨삭을 제대로 했는지 확인하기 어려울 수 있다. 그래서 한글로 된 간단한 글을 첨삭 요청해 보았다.

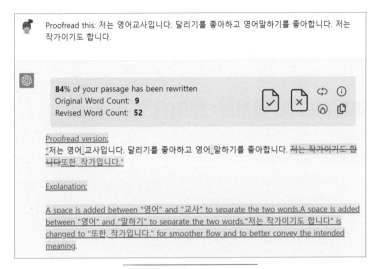

[그림 8-23] 한글로 된 글 첨삭 결과

떠어쓰기와 함께 '저는~'이 두 번 반복되는 것을 방지하고 다른 직업이 더 있다는 의미를 잘 드러내기 위해 마지막 문장을 다르게 수정한 것을 볼 수 있다. 이번에는 같은 글을 교정하되, 좀 더 명료하게 흐름을 개선해 달라고 요청하였다.

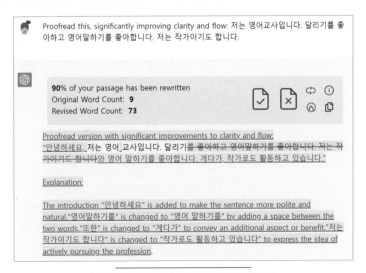

[그림 8-24] 명료하게 흐름이 개선되도록 첨삭한 결과

앞서 교정한 내용과 비교해 보면 두 번째 문장에서 '좋아하다'라는 반복된 내용이 없어진 것을 볼 수 있다. '또한, 작가입니다.'라는 다소 어색했던 문장도 '게다가, 작가로도 활동하고 있습니다.'라는 문장으로 바뀌면서 전반적으로 글의 흐름이 개선된 것을 확인할 수 있다.

05. 언제 어디서든 AI 비서를: 챗GPT Sidebar

챗GPT가 널리 알려지면서 덩달아 크롬 확장 프로그램을 사용하는 사람들도 급속도로 늘어나고 있다. 그리고 시간이 지나면서 이들도 진화하여 여러 가지 기능을 하나의 크롬 확장 프로그램에서 사용할 수 있게 되었는데, 챗GPT Sidebar가 대표적인 예이다.

[그림 8-25] ChatGPT Sidebar

크롬 웹 스토어에서 ChatGPT Sidebar를 설치하면 브라우저 창 오른쪽 하단에 사이드 메뉴가 나타난다.

[그림 8-26] 브라우저 창 오른쪽 하단 ChatGPT Sidebar

사이드바 아이콘을 클릭하면 아래와 같이 다양한 기능을 가진 챗GPT 입력창이 나타난다.

[그림 8-27] 챗GPT Sidebar 세부 메뉴

맞춤 프롬프트 메뉴 아래쪽에 입력문을 작성할 수 있는 공간이 있다. 사이드바에서는 내가 원하는 검색 정보의 유형을 파악하여 기본적인 입력문을 생성해 준다. 인터넷 검색을 하다가 궁금한 것이 생기거나 번역이 필요할 때, 요약/정리하거나 고쳐 쓸 때 사용하면 편리하다.

[그림 8-28] 선택한 기능에 따라 달라지는 입력문

특히 유튜브에서 요약하기 기능을 선택하면 요청하지 않아도 영상의 소리를 모두 텍스트로 자동 추출해 주어 편리하다.

[그림 8-29] 유튜브에서 사이드바를 열었을 때 영상의 소리가 텍스트로 자동 추출된 모습

06. 챗GPT의 미래: Plugins

2023년 3월 23일, 가장 최근 발표된 업데이트에 따르면 챗GPT는 플러그인(plugins) 서비스를 출시하였다. 이름에서 알 수 있듯이 챗GPT라는 콘센트에 다양한 외부 서비스를 플러그처럼 꽂아 사용하는 방식을 뜻한다. 기존의 애플리케이션 프로그램 인터페이스(API)가 외부 서비스로 챗GPT를 가져가 심는 도구라면 플러그인은 그 반대인 셈이다.[1]

현재 챗GPT의 플러그인은 대기자 명단을 받아 소수의 개발자와 챗GPT Plus(유료 계정) 사용자에게 우선 배포되며, 시간이 지남에 따라 누구나 이용할 수 있도록 확대 적용될 예정이다.[2]

---

1) https://n.news.naver.com/article/277/0005236899?cds=news_my
2) https://openai.com/blog/chatgpt-plugins

[그림 8-30] 플러그인 대기자 명단 신청 과정

타사 플러그인

OpenAI는 우선 챗GPT에 항공권·호텔 예약 서비스 익스피디아, 식료품 배달 서비스 인스타 카트, 식당 예약 서비스 오픈테이블 등 11개 기업의 플러그인을 제공한다. 각각의 서비스는 플러그인 스토어에서 설치하여 사용할 수 있으며, 구체적인 방법은 다음과 같다.

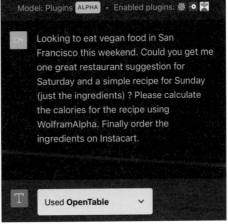

[그림 8-31] 플러그인 스토어에서 타사 플러그인 설치 및 활용 결과

브라우징

OpenAI는 자체 개발한 웹브라우저 플러그인을 통해 기존 챗GPT의 가장 큰 단점인 최신 정보 검색이 가능하도록 하였다. 다음에 제시된 것처럼 2023년에 오스카상을 수상한 영화들과 최근 개봉된 작품들과의 박스 오피스 판매량을 비교하는 요청에서, 관련 정보를 인터넷으로 검색한 후 이를 토대로 결과를 도출하는 것을 볼 수 있다.

2023년 6월 6일 현재 유료 계정인 GPT-4에서 베타 버전으로 Browse with Bing을 사용할 수 있다. 이 기능을 사용하면 검색 결과의 정확한 출처를 알 수 있고, 해당 사이트로 이동할 수도 있다.

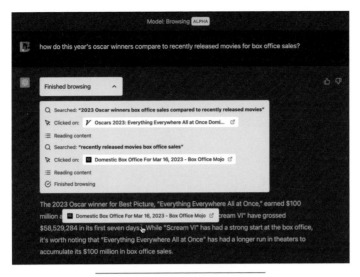

[그림 8-32] 브라우징 플러그인 활용 결과

코드 해석기

챗GPT에서 코드 해석기를 통해 파이썬을 사용하거나 데이터를 시각화하며, 대화 작업 공간에 파일을 업로드하고 작업 결과를 다운로드할 수 있도록 지원한다.

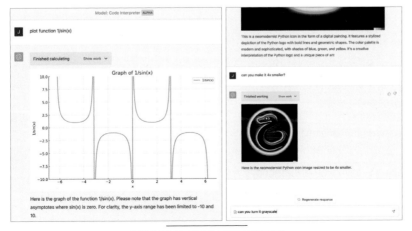

[그림 8-33] 코드 해석기 플러그인 활용 결과

구글 이노베이터가 쉽게 알려주는
챗GPT로 크리에이터 및 N잡러 되기

2023년 6월 22일	1판	1쇄	발 행
2023년 11월 30일	1판	2쇄	발 행

지 은 이 : 전효진 · 김현주 공저

펴 낸 이 : 박 정 태

펴 낸 곳 : **주식회사 광문각출판미디어**

10881
파주시 파주출판문화도시 광인사길 161
광문각 B/D 3층
등   록 : 2022. 9. 2 제2022 - 000102호
전 화(代) : 031-955-8787
팩   스 : 031-955-3730
E - mail : kwangmk7@hanmail.net
홈페이지 : www.kwangmoonkag.co.kr

ISBN : 979-11-93205-00-6   13000

값 : 20,000원

한국과학기술출판협회
Korean Science & Technology Publisher Association

저자와 협의하여 인지를 생략합니다.